Manfred Adler

*DIE SÖHNE DER FINSTERNIS*

Teil 3
Theologische Finsternis

Den

**FREUNDEN und FEINDEN**

der

**WAHRHEIT**

Manfred Adler

# Die Söhne der Finsternis

Teil 3
THEOLOGISCHE FINSTERNIS

MIRIAM-VERLAG

Josef Künzli · D-7893 Jestetten

2. Auflage, 1983



---

Gesamtherstellung:

Miriam-Verlag, D-7893 Jestetten

ISBN 3-87449-102-1

## Inhalt

## Zuvor: Worte Gottes zur Meditation

„Wir treiben kein Falschspiel mit dem Gotteswort, suchen vielmehr durch Offenbarung der Wahrheit Zutritt zu jedem Gewissen der Menschen im Angesichte Gottes. Sollte jedoch auch unser Evangelium verhüllt sein, so ist es nur denen verhüllt, die verlorengehen, den Ungläubigen, deren Sinn der Gott dieser Welt geblendet hat, um ihnen nicht aufstrahlen zu lassen das Leuchten der herrlichen Botschaft von Christus, der das Bild Gottes ist ... Denn der Gott, der befahl, daß aus der Finsternis Licht aufleuchte, ließ auch in unseren Herzen ein Licht erstrahlen, daß es leuchte zur Erkenntnis der Herrlichkeit Gottes auf dem Antlitz Jesu Christi“ (2 Kor 4,2 ff).

Jesus spricht:

„Ich bin als Licht in die Welt gekommen, damit jeder, der an mich glaubt, nicht in der Finsternis bleibe ... Wer mich ablehnt und meine Worte nicht annimmt, der hat seinen Richter: das Wort, das ich verkündet habe, wird ihn richten am Jüngsten Tage“ (Joh 12,32 ff).

„Laßt sie! Sie sind Blinde und Führer von Blinden. Wenn aber ein Blinder einen Blinden führt, werden beide in die Grube fallen“ (Mt 15,14).

„Ihr aber seid ‚ein auserwähltes Geschlecht‘ (Is 43, 20), ‚eine königliche Priesterschaft, ein geheiligtes Volk‘ (Ex 19,6), ‚ein Volk, das dazu erworben wurde, damit ihr die Ruhmestaten dessen verkündet‘ (Is 43,21), der euch aus der Finsternis in sein wunderbares Licht berufen hat“ (1 Petr 2,9).

„Den unnützen Knecht aber werft hinaus in die Finsternis draußen; dort wird Heulen und Zähneknirschen sein“ (Mt 25,30).

# I. TEUFELSGLAUBE

## 1. Der Irrtum des Unglaubens

Nach dem äußerlich so glanzvollen II. Vatikanischen Konzil ist über einen großen Bereich der katholischen Theologie eine geistige und geistliche Finsternis hereingebrochen, die in der gesamten Kirchengeschichte ohne Beispiel ist. Die moderne theologische Umnachtung übertrifft sogar jene Epoche der Verwirrung in der Frühzeit der Kirche, die mit dem Namen Arius verbunden ist. Damals ging es im wesentlichen um das Zentrum des christlichen Glaubens, heute steht dieser als Ganzer in Frage. Wie ist es überhaupt möglich geworden, daß in der Folge des größten Konzils der Kirchengeschichte, dessen Ziel die Erneuerung der Kirche sein sollte, eine geistige Entwicklung um sich greifen konnte, die Paul VI. einmal als „Selbstzerstörung" der Kirche schmerzlich beklagt hat? Viele stellen heute diese Frage und suchen Erklärungen für die unheilvolle Situation, in die unsere Kirche und ihre Theologie geraten ist. Man hat mit Recht darauf aufmerksam gemacht, daß schon auf dem Konzil heftige und scharfe Debatten und Diskussionen ausgetragen wurden, die nicht nur unwesentliche, sondern tiefergehende Differenzen unter den Konzilsvätern ans Licht brachten. Damals bemerkte ein hellsichtiger Kommentator, daß der Stil des „diskutierenden Konzils" sich nach dem Konzil fortsetzen und Schule machen werde. Er hat die Lage richtig gesehen, wie wir heute feststellen können. Die Einmütigkeit und Geschlossenheit der Konzilsväter bei der Verabschiedung der einzelnen Konzilsdokumente konnte an der einmal begonnenen Entwicklung nichts mehr ändern. Der neue Geist der „Freiheit“ griff über auf die theologische Forschung und Wissenschaft und führte zu einem theologischen Pluralismus, der auf weite Strecken mit dem authentischen Glauben der kirchlichen Überlieferung nicht mehr zu vereinbaren ist. Der progressive Stil der Demokratisierung und die neu entdeckte „Toleranz“ in der Kirche haben zu dem Prozeß der Aufweichung und Zerstörung der katholischen Einheitsfront ebenso beigetragen, wie der neue ökumenische Enthusiasmus und der nach allen Seiten hin offene Dialog, der zunächst als neue revolutionäre Methode von französischen Freimaurern propagiert und erst einige Jahre später von Papst Paul VI. als neuer Weg der Kirche offiziell bestätigt und gefordert wurde. Die genannten Tendenzen hätten an sich nicht notwendig zum Schaden der Kirche und zur unheilvollen geistigen Verfinsterung im Bereich von Theologie und Glauben führen müssen, hätte sich nicht schon vor und erst recht nach dem Konzil der Geist der Finsternis durch viele offene Türen in die Kirche einschleichen können, um dort geheim und offen sein Werk der Zerstörung im Namen des Fortschritts durchzuführen. Schon Pius XII. mußte sich entschieden gegen den heimtückischen und übermächtigen Einfluß wehren, den der „Gott dieser Welt“ (2 Kor 4,4) auf die modernistischen und progressistischen Theologen ausübte. Verhindern konnte er indes diesen dämonischen Einfluß nicht. Der Geist der Finsternis, der „Gott dieser Welt“, der auch Satan und Teufel genannt wird (Offb 12,9; 20,2), hat schließlich nach dem II. Vatikanischen

Konzil in der Kirche einen Freiheitsraum für sein Wirken erhalten, der nicht nur skandalös genannt werden muß, sondern offensichtlich auch einer seiner großen Erfolge im Kampf gegen die Kirche und ihre schwachen Hirten ist. Deren „demütige" und ohnmächtige Toleranz ist nach Überzeugung vieler nicht vom Heiligen Geist inspiriert. Mag dem sein wie es will, der „Gott dieser Welt" hat einzigartige Erfolge errungen. Die babylonische Sprachverwirrung in der modernen Theologie, der glaubenzersetzende theologische Pluralismus und die ihn bewirkende Verblendung vieler sog. Theologen ist sein Werk. Er macht die Massen, die sich seinem blendenden Licht öffnen, geistig blind, damit ihnen „das Licht der herrlichen Botschaft von Christus" und die „Erkenntnis der Herrlichkeit Gottes auf dem Antlitz Jesu Christi" im Herzen nicht aufstrahlen kann (2 Kor 4,2 ff). Mit dieser Auskunft aus der Heiligen Schrift gibt Gott selbst auf die quälende Frage vieler besorgter Christen Antwort, wieso die Theologie, die höchste aller Wissenschaften, so tief in den Abgrund der Finsternis hinabstürzen konnte. Die wahre Theologie, die demütig und ehrfürchtig das Offenbarungswort Gottes meditiert und reflektiert, nimmt in der Tat unter allen Wissenschaften den ersten Rang ein. Und das deshalb, weil sie nicht nur den Menschen und die Welt, sondern vor allem Gott, den Herrn und Schöpfer der Welt, zum Gegenstand hat. Die Selbstmitteilung und Offenbarung Gottes in Jesus Christus, dem Gottes- und Menschensohn, die von der Theologie erforscht und den Menschen erschlossen und vermittelt werden soll, ist für das Heil der Menschheit unendlich wichtiger als alle Erkenntnisse und Wahrheiten der anderen Wissenschaften, so nützlich und notwendig diese für den irdischen Menschen auch sein mögen. Letzte, ewige und unfehlbare Wahrheiten wie die über das Sein und Wesen Gottes, über Sinn und Ziel des menschlichen Lebens, der Welt und der Geschichte, kann der geschöpfliche Mensch mit seiner begrenzten natürlichen Vernunft nicht erkennen. Dazu bedarf er der Erleuchtung durch den Heiligen Geist, ohne dessen Beistand die übernatürliche Offenbarung Gottes für den Menschen dunkel und verschlossen bleiben müßte. Theologen, deren Geist verfinstert ist und die daher die göttlichen Wahrheiten nicht erkennen können, geraten trotz hoher Intelligenz nicht selten deshalb in die Sackgasse einer geistlosen Theologie, weil ihnen die Demut mangelt, die eine unerläßliche Voraussetzung für die Erkenntnis der tiefen Geheimnisse Gottes ist. „Gott widersteht den Stolzen, den Demütigen aber gibt er Gnade" (Spr 3,34; Jak 4,6; 1 Petr 5,5). „Ein Greuel für den Herrn ist jeder Stolze . . . ; er bleibt nicht ungestraft" (Spr 16,5). Der Stolz und der Trotz des Menschen führt zum Abfall vom Schöpfer, wie Jesus Sirach (10,12) sagt.

Der Stolz ist die Wurzel vieler Sünden, die von Gott trennen und den Menschen zur Torheit verführen. Im Buch der Weisheit lesen wir: „In eine Seele, die auf Bosheit sinnt, kehrt die Weisheit nicht ein, noch nimmt sie Wohnung in einem Leib, der sich der Sünde ergibt" (1,4). Viele theologische Torheiten sind somit durch das Wort Gottes erklärt. Die wahrhaft großen und erleuchteten Theologen sind immer demütige Menschen gewesen, die sich ihrer totalen Abhängigkeit von Gott bewußt waren und das Licht der Wahrheit im Gebet erfleht haben. Gemäß der Verheißung des Herrn: „Bittet und ihr werdet empfangen“ (Joh 16,24), wurde ihnen Einsicht und Weisheit geschenkt.

Im Zeitalter des aufgeklärten und autonomen Humanismus, wo man den Menschen zum Maß und zur Mitte aller Dinge macht (Anthropozentrismus) und ihn an die Stelle Gottes setzt, ist es für den Theologen nicht leicht, sich für den unsichtbaren, unvergänglichen und alleinigen Gott kompromißlos einzusetzen und dem Geist einer gottentfremdeten Gesellschaft mutig zu widerstehen. Mancher erliegt dem verführerischen Glanz der Dekadenz und verfällt der theologischen Finsternis. Ohne es zu merken wird er ein geistig Blinder und ein Führer von Blinden, die am Ende mit ihm zusammen in die Grube fallen. Die „Theologie“ dieser Blinden ist dann nicht mehr geisterfülltes Reden von Gott und seinen Großtaten, sondern geistloses Geschwätz, das in Wort und Schrift verbreitet und nicht selten mit peinlicher Arroganz auf dem Markt der theologischen Phantastereien zum Besten gegeben wird. Zu den Produkten dieser Art gehört das Werk „Teufelsglaube“.[1]

Mit großem Aufwand wird hier „wissenschaftlich“ darzulegen versucht, was sich inzwischen schon beim einfachen Kirchenvolk herumgesprochen hat: daß der christliche Glaube an die Existenz eines persönlichen Teufels im Sinne eines außer- und überweltlichen (transzendenten) Geistwesens nach der „modernen Theologie“ endgültig überholt ist. Das behauptet jedenfalls der „katholische“ Theologe Herbert Haag, der in Tübingen lehrt. Im Jahr 1968 hielt er an der Theologischen Fakultät der Universität Graz eine Gastvorlesung über das Thema: „Die Entwicklung der biblischen Vorstellungen vom Satan." Ein Jahr später erschien in der von Hans Küng herausgegebenen Reihe „Theologische Meditationen" (Einsiedeln 1969) seine Schrift: „Abschied vom Teufel." Das nicht geringe Aufsehen und die verschiedenen, teils heftigen Reaktionen, die diese Schrift hervorrief, veranlaßten Haag, seine Gedanken in einer Reihe von Vorträgen — auch in Funk und Fernsehen — weiterzuverfolgen und schließlich 1974 eine größere „wissenschaftliche" Arbeit mit dem Titel „Teufelsglaube" herauszugeben.

In diesem Buch von 554 Seiten, in dem Haag nach seinen eigenen Worten „die umfassendste Arbeit über das Thema ‚Teufelsglaube' vorlegt, die in der Geschichte der Kirche geschrieben wurde" (S. 27), schreibt er: „In der neuesten theologischen Literatur kommt der Teufel nicht mehr vor — sicher nicht nur deswegen, weil er aus der Mode gekommen wäre ..., sondern weil er auch theologisch überflüssig geworden zu sein scheint. Man beschreibt das Problem des Bösen heute mit anderen Kategorien.

Der Anfang dieser Entwicklung ist bei Bultmann zu suchen, genauer bei seiner Feststellung, daß das mythische Weltbild überholt sei. Damit ist auch der Geister- und Dämonenglaube hinfällig. Bekannt ist Bultmanns Äußerung, man könne nicht moderne technische Einrichtungen benutzen und gleichzeitig an Dämonen glauben. Vor allem aber ist seine Warnung ernst zu nehmen, daß, wer den Dämonenglaube für christlich erkläre, damit die christliche Verkündigung heute unverständlich und unmöglich mache ...

Eine Realität kommt den kosmischen Gestalten, seien es nun Engel, Dämonen, Teufel oder Weltregenten, nach Bultmann nicht zu, es sei denn, eine mythische ...

Aus dieser Sicht ergibt sich notwendig, daß die Sünde nicht vom Teufel verursacht ist. Immer wieder besteht Bultmann darauf, daß die Sünde allein Sache des Menschen sei ... Wenn die Bibel von einer ‚Knechtschaft unter dem Teufel' spricht, ist das gleichbedeutend mit einer ‚Knechtschaft unter der Sünde'.

Dennoch sind die Aussagen der neutestamentlichen Schriftsteller, daß der Mensch nur Gott *oder* dem ‚Teufel' angehören könne und daß er in den Kampf zwischen beiden einbezogen sei, sinnvoll. Sie geben nämlich der Tatsache Ausdruck, daß der Mensch sein Leben nie selbst in der Hand hat ... Die Entscheidung ‚Gott oder Teufel' ist ... gleichbedeutend mit der Entscheidung ‚Glaube oder Unglaube' ..." (S. 70 ff).

Nach Haag verdient die Tatsache besondere Beachtung, daß der Teufel „für die Schülergeneration (von Barth und Bultmann) offenbar uninteressant geworden ist, gleichgültig, ob man wie J. Moltmann von Barth beeinflußt ist, ob man wie H. Braun, E. Fuchs oder M. Mezger von Bultmann herkommt oder ob man wie W. Pannenberg und D. Sölle zwischen den beiden steht. Der Teufel wird nicht einmal mehr erwähnt, es sei denn als mythologische Figur. So wie man die biblischen Vorstellungen von den ‚letzten Dingen‘ (Himmel und Hölle) heute als Symbole auffaßt, die für eine unvorstellbare zukünftige Wirklichkeit stehen; so wie das ‚Letzte Gericht‘ den in aller ambivalenten Existenzerfahrung endgültigen Sinn des Lebens verdeutlichen ... soll, so sind auch Engel und Dämonen Sinnbilder dafür, daß unser Weltbild begrenzt und relativ ist und der ständigen Erweiterung in die transzendentale Wirklichkeit hinein bedarf. Auch die Frage nach dem Ursprung des Bösen lehnt die moderne Theologie als spekulativ ab. Man hat eingesehen, daß sich der Widerspruch zwischen dem guten, sinngebenden Gott und der Erfahrung von Sinnlosigkeit, Leid und Bösem nicht lösen läßt. Gerade die theoretische Unlösbarkeit des Problems führt jedoch zu einem neuen theologischen Ansatz: zu der Frage nach dem konkret Bösen, das sich vor allem im unschuldigen Leiden manifestiert ... Die Frage nach dem Ursprung des Bösen wird so zur Frage nach der christlichen Existenzbewältigung ...

Statt also dem Ursprung des Bösen nachzufragen, wendet sich die moderne Theologie der Aufgabe zu, mit dem Bösen und dem Leiden in der Welt fertigzuwerden. Unter Hinweis auf die Eigengesetzlichkeit und -verantwortlichkeit des Menschen betrachtet sie das — rational nicht greifbare — Böse nicht mehr theoretisch-spekulativ, sondern konkret. Teufel und Dämonen haben höchstens noch die Funktion, auf die übermenschliche Dimension des Bösen hinzuweisen“ (S. 72 f).

Die hier skizzierten Vorstellungen der „modernen Theologie“ sind einer gründlichen Kritik wert. Zunächst darf man erstaunt darüber sein, mit welch unkritischer Leichtfertigkeit — um nicht zu sagen Unverfrorenheit — ein „historisch-kritisch" geschulter Bibelwissenschaftler es wagt, die Phantasieprodukte einer bestimmten theologischen Richtung (unter vielen anderen) als Ergebnisse der „modernen Theologie" schlechthin zu bezeichnen. Die Entmythologisierungsideologie Bultmanns und seiner Nachbeter hat sich nicht einmal im Raum der modernen evangelischen Theologie überall durchsetzen können. Erst recht gibt es in der heutigen katholischen Theologie zahlreiche „moderne Theologen", die das Entmythologisierungsprogramm Bultmanns ablehnen, weil es auf zwei falschen Voraussetzungen beruht: auf dem überholten „modernen Weltbild" Bultmanns und dem damit gegebenen falschen Wirklichkeitsverständnis und auf dem irrigen Interpretationsschema der Existentialphilosophie, das von dem einseitig verengten Wirklichkeitsbegriff der in sich geschlossenen, empirischen „welthaften Welt" abgeleitet ist und somit die transzendente Welt verfehlt. Die existentiale Interpretation der Bibel ist ein Unternehmen, das der Welt der Bibel fremd ist und daher ihrem Inhalt und Wesen nicht gerecht werden kann. Neue Erkenntnisse im Bereich der Atomphysik haben das Weltbild Bultmanns, das übrigens aus dem 19. Jahrhundert stammt und gar nicht modern ist, längst überwunden. Trotzdem ist es noch nicht überall in der Theologie gelungen, die Nebelwolken der „modernen Theologie" aufzulösen und klare Sicht zu gewinnen. So ist es beispielsweise zu bedauern, wenn ein angesehener katholischer Exeget wie R. Schnackenburg im Jahr 1971 in einem Nachwort zu einem von ihm bereits 1952 veröffentlichten Aufsatz über den

„Sinn der Versuchungen Jesu bei den Synoptikern“ schreibt: „Aktuell geworden ist auch wieder die Frage, ob man den Satan (von allen mythologischen und vermenschlichten Vorstellungen abgesehen) als personale geistige Macht verstehen muß oder auch nur als Verkörperung des Bösen, wie es durch das Handeln der Menschen geschichtsmächtig wird, interpretieren darf. Heute würde ich nicht mehr so entschieden wie damals für die erste Auffassung eintreten. Die Debatte um die Entmythologisierung mahnt zur Vorsicht. Die Frage, wie weit die an ein überholtes Weltbild gebundenen Aussagen des Neuen Testaments für unser heutiges Verständnis — ohne Aufgabe des Offenbarungsgehalts — neu interpretiert werden können und müssen, ist schwierig und von einem Exegeten allein nicht zu beantworten. Dies gilt auch für den jetzt neu entbrannten Streit um Engel und Teufel. Die Variabilität der Aussagen, die vorgeprägten Stilformen, die vielfältigen Wurzeln gerade bei den Satans-, Dämonen- und Mächte-Vorstellungen machen geneigt, Aussageweisen anzunehmen, die nicht wörtlich und real auszulegen sind“ (S. 274 f).

Die Meinung R. Schnackenburgs läßt trotz ihrer vorsichtigen Formulierung die Verunsicherung erkennen, in die dieser katholische Bibeltheologe von Rang durch die Diskussion um die Entmythologisierung geraten ist. Inzwischen hat zu den hier angesprochenen Fragen die römische Kongregation für die Glaubenslehre eine Erklärung abgegeben, auf die später ausführlicher eingegangen werden soll.

An dieser Stelle ist noch zu der von H. Haag dargelegten Auffassung der „modernen Theologie“ über die Entmythologisierung der „Letzten Dinge" eine kritische Anmerkung zu machen. „Himmel und Hölle" sind mehr als nur Symbole für eine „unvorstellbare zukünftige Wirklichkeit". Es sind Begriffe, die das endgültige und ewige Endschicksal der Menschen ausdrücken, sei es das ewige Leben in der beseligenden „Anschauung Gottes", in der Herrlichkeit des jenseitig-vollendeten Gottesreiches, oder die ewige Verdammnis, die in dem unvorstellbar qualvollen Ausschluß aus dem ewigen Gottesreich der Freude und des Friedens besteht. Nach dem eindeutigen Befund des Neuen Testaments sind ewiges Leben und ewige Qual („Heulen und Zähneknirschen", „ewiges Feuer") als qualitativ bestimmte Wirklichkeiten etwas ganz anderes als eine „unvorstellbare zukünftige Wirklichkeit", von der überdies nicht gesagt wird, ob sie als jenseitig — ewige oder als nur diesseitige und damit zeitlich begrenzte Zukunft zu verstehen ist. Da in Bultmanns Weltbild Diesseits und Jenseits, Zeit und Ewigkeit nicht denkbar sind, kann in seinem Denken nur eine zeitlich begrenzte Zukunft in Frage kommen. Ähnliches gilt von der Entmythologisierung des „letzten Gerichts", das in der Heiligen Schrift nicht den „endgültigen Sinn des Lebens" bedeutet, sondern die endgültige End-Scheidung für das ewige Leben in der Liebesgemeinschaft mit dem dreieinigen Gott (im Himmel) oder für das ewige Gericht im „ewigen Feuer" (der Hölle). Doch diesen realen Sinngehalt schließt die verschlagene Entmythologisierungssophistik der „modernen Theologie" aus, wenn sie von einer „unvorstellbaren zukünftigen Wirklichkeit" faselt. Um dies noch weiter zu begründen, braucht nur darauf aufmerksam gemacht zu werden, daß bei den Bultmännern nicht nur der Teufel, sondern Gott selbst entmythologisiert und zu einem menschlichen Existenzphänomen entwirklicht wird, wie wir später eingehend darlegen werden. Obwohl sie nach wie vor von „Gott" sprechen, meinen sie doch nicht mehr den persönlichen, lebendigen, transzendenten und immanenten Gott der Bibel, dem ein objektives An-sich-Sein unabhängig vom Menschen und der Welt zukommt. Nach R. Bultmanns Existentialtheologie ist Gott nur noch eine „Bestimmtheit des menschlichen Daseins", d. h. er existiert nur in, an oder mit dem Menschen, nicht aber ohne ihn. Folgerichtig kann dieser „Gott" nicht als Du dem Menschen objektiv gegenüberstehen. Mit Entschiedenheit lehnt Bultmann jede Objektivierung Gottes ab. Wenn Gott aber kein personales Gegenüber des Menschen mehr ist, kann man zu ihm weder beten, noch eine Offenbarung von ihm erwarten. Das bedeutet, daß man an ihn auch nicht mehr glauben kann. Glauben an „Gott" könnte dann nur heißen, an sich selbst, an eine menschliche Bestimmtheit – oder um mit H. Braun zu sprechen, an die „Mitmenschlichkeit" glauben.

Wenn H. Haag bemerkt, daß nach der „modernen Theologie" die Entscheidung „Gott oder Teufel" gleichbedeutend sei mit der Entscheidung „Glaube oder Unglaube", so ist nun hinlänglich klar, daß mit dieser Entmythologisierungsphraseologie alles mögliche gemeint sein kann, nur nicht der wirkliche Glaube an den persönlichen Gott der Bibel und sein Offenbarungswort. Analog dazu kann der „Unglaube", von dem die „moderne Theologie" spricht, kein wirklicher Unglaube im Sinne einer entschiedenen Ablehnung oder Leugnung des persönlichen Gottes sein, der in Jesus Christus Mensch wurde und sich in der Kirche bezeugt und offenbart. Ganz konsequent gibt es für die theologischen Falschmünzer dann auch kein übernatürlich-übermenschliches Mysterium mehr. Was ihnen bleibt ist der nackte Positivismus und Rationalismus, die trostlose Getthoideologie der im Diesseits Gefangenen, die ihre Ausweglosigkeit schließlich mit irgendeinem „Prinzip Hoffnung“ überspielen müssen, um der Verzweiflung zu entgehen. Auf die Frage nach dem Ursprung des Bösen und dem von Haag erwähnten „Widerspruch zwischen dem guten, sinngebenden Gott und der Erfahrung von Sinnlosigkeit, Leid und Bösem“ gibt es dann freilich keine Antwort mehr. Wenn nun aber die „modernen Theologen“ kein wahres Mysterium mehr anerkennen, sondern die „theoretische Unlösbarkeit des Problems“ dadurch zu kaschieren versuchen, daß sie sich der Aufgabe zuwenden, „mit dem Bösen und dem Leiden in der Welt fertigzuwerden“ — was für jeden realistisch denkenden Menschen unmöglich ist —, flüchten sie nur in einen neuen sophistischen Trick. Denn das „rational nicht greifbare Böse“ kann auch als das „konkret“ Böse nicht überwunden werden. Übrigens ist jedes Böse immer auch konkret, weshalb die Unterscheidung zwischen dem theoretisch Bösen und dem konkret Bösen abwegig ist. Entlarvend ist in diesem Zusammenhang auch Haags „Hinweis auf die Eigengesetzlichkeit und Eigenverantwortlichkeit des Menschen“, was doch wieder eine Bestätigung dafür ist, daß der autonome Mensch *nur sich selbst* verantwortlich ist. Das ist konsequent gedacht, denn nach der Bultmann-Ideologie existiert kein persönlicher und überweltlicher Gott, vor dem man sich entscheiden könnte und verantworten müßte. Was aber bleibt, ist das theoretisch und praktisch zu bewältigende Problem des Bösen, oder wie Haag sagt: „die übermenschliche Dimension des Bösen". Diese kann aber per definitionem gar nicht bewältigt werden, weil das „Übermenschliche" eben über alle menschlichen Kräfte hinausgeht. Der Rest ist also die Phrase von der „übermenschlichen Dimension des Bösen". „Teufel und Dämonen haben höchstens noch die Funktion, auf diese hinzuweisen", wie bei Haag zu lesen ist.

Muß man nach dieser exakten Textanalyse nicht aufrichtigen Abscheu und Ekel empfinden vor der modernen Teufels-Theologie, die in Wahrheit gar keine Theologie, sondern ein teuflisches Lügensystem ist? Mit der Entmythologisierung des Teufels und der Leugnung seiner realen personalen Existenz ist die Entmythologisierung des drei-persönlichen Gottes untrennbar verbunden, wenn auch diese unerbittliche Konsequenz der sog. „modernen Theologie" von manchen katholischen Theologen vielleicht nicht völlig durchschaut wird. Die Einschränkung durch das „vielleicht" wird hier deshalb gemacht, weil nicht sicher ist, ob sie nicht doch erkennen, daß mit der modernen Entmythologisierungskampagne der Ausverkauf und die Liquidierung der christlichen Theologie betrieben wird. Die Leugnung der Transzendenz im Sinne einer übermenschlichen und überweltlichen Wirklichkeit schließt notwendig den Glauben an die Wirklichkeit des ewigen Himmels und der ewigen Hölle aus. Man hat H. Haag mit Recht vorgeworfen, daß er mit dem Teufel auch die Hölle leugne. Für jeden, der logisch denken kann, ist das klar. Nicht so für Professor Haag. Er wehrt sich nämlich gegen diesen Vorwurf und erklärt: „Das Thema Hölle ist in diesem Buch strikt ausgeklammert, obwohl immer wieder der Einwand zu hören ist, wenn es keinen Teufel gebe, dann gebe es auch keine Hölle. Denn grundsätzlich stehen die Begriffe Teufel und Hölle in keinem notwendigen Zusammenhang" (S. 23). Entweder ist Haag hier einem Irrtum zum Opfer gefallen, oder er will seine Leser bewußt täuschen. Tatsächlich ist doch nach dem Wort Jesu „das ewige Feuer dem Teufel und seinen Engeln bereitet" (Mt 25,41). Wenn es nun den Teufel und seine Engel — die bösen Geister — nicht gibt, dann kann es auch keine Hölle geben, die ihnen bereitet ist. Das ist eine ganz logische Schlußfolgerung. Will man ihr aber entgehen mit der Bemerkung, daß die „moderne Theologie" zu diesem Schluß nicht genötigt ist, weil für sie der „Teufel" ja nur eine symbolische Gestalt ist, so ändert diese Ausrede nichts an der Tatsache, daß dann auch die Hölle für diese Theologie nur noch ein symbolischer Begriff, aber keine ewige Wirklichkeit mehr ist. Somit kann man also die ewige Wahrheit, daß es einen ewigen Himmel und eine ewige Hölle (im wirklichen Sinn) gibt, nicht mehr glauben. Ist der Teufel nur noch eine mythische Gestalt, so kann auch die Hölle nur noch als Mythos verstanden werden. Haag gibt das ja selbst zu, wenn er sagt, daß „man die biblischen Vorstellungen von den ‚letzten Dingen' (Himmel und Hölle) heute als Symbole auffaßt, die für eine unvorstellbare zukünftige Wirklichkeit stehen" (S. 72). Diese „unvorstellbare zukünftige Wirklichkeit" kann aber im Falle der Hölle nicht das „ewige Feuer“ sein, sondern allenfalls eine ungewisse, innerweltliche, d. h. zeitlich begrenzte irdische Zukunftswirklichkeit, die man — im uneigentlichen Sinn — höchstens als „Hölle auf Erden“ bezeichnen könnte. Da für Bultmann der „Dualismus“ von Diesseits und Jenseits, von Zeit und Ewigkeit aufgehoben ist und der individuelle Mensch nur ein zeitlich begrenztes Dasein hat, kann es für ihn keine individuell erlebbare ewige Zukunft geben, weder ewiges Leben, noch ewige Verdammnis. Nach der Lehre des Neuen Testamentes gibt es aber beides. Damit dürfte die ungeheuerliche Tragweite des neuen Teufelsglaubens, wie er von der „modernen Theologie“ entwickelt und von dem „katholischen“ Theologen H. Haag akzeptiert und „wissenschaftlich“ dargestellt worden ist, jedem nüchtern Denkenden deutlich und klar aufgezeigt und als Teufelsideologie entlarvt sein.

Dennoch ist der Erfolg der „modernen Theologen“ und ihrer sophistischen Hirngespinste überwältigend. Die „neuesten Ergebnisse der exegetischen Forschung“ — wie es so schön heißt — breiteten sich in der morschen westlichen Welt wie eine Epidemie aus und ließen die Herzen ungezählter Progressisten höherschlagen. Endlich ist die Menschheit vom Teufel erlöst! Zum Teufel — mit dem Teufel! „Zum Teufel! Wo steckt denn der Teufel?“ Wer so fragt, hat Anspruch auf eine aufrichtige Antwort. Hier ist sie: Er steckt in den Gehirnen derer, die ihn leugnen. Er verblendet die theologischen Aufklärer, die u. a. auch „Glaubensbücher“ und Katechismen geschaffen haben, in denen er nicht mehr vorkommt.

Mit Genugtuung bemerkt H. Haag über das im Jahr 1969 von G. Miller und J. Quadflieg herausgegebene Arbeitsbuch zur Glaubensunterweisung „Glauben – leben – handeln“, daß es „nicht mehr vom Teufel oder Satan spricht, sondern nur noch vom Bösen oder der Macht (den Mächten) des Bösen ... Man hält also an den bösen Mächten gemäß den biblischen Aussagen fest, aber man glaubt sie nicht mehr personal wirksam verstehen zu müssen. Daher wird auch im Zusammenhang mit der Taufe nicht mehr von Exorzismen oder einer Absage an den Satan gesprochen. Es heißt lediglich: ‚Wenn der Mensch getauft wird, sagt er sich von allem los, was ihn von Gott trennt. Er widersagt dem Bösen und schließt sich der Gemeinschaft der Kirche an ... In der Taufe wird der Mensch durch die Liebe Christi befreit aus der Herrschaft der Sünde.‘ Beim ‚Letzten Gericht‘ schließlich ist von Hölle oder Teufel überhaupt nicht mehr die Rede.

Den gleichen Geist atmet, wie zu erwarten, auch der von denselben Verfassern herausgegebene Kommentar zum Arbeitsbuch ...

Inzwischen war auch der Holländische Katechismus erschienen, der ... gewiß das ‚Neue Glaubensbuch‘ beeinflußte. Nicht zuletzt die Aussagen über das Böse trugen ihm den Protest der Glaubenskongregation ein. In der Tat läßt sich der Teufel im Holländischen Katechismus schwerlich als ein personales Wesen verstehen ... An keiner Stelle gibt es einen Hinweis darauf, daß ein Teufel am Zustandekommen der Sünde beteiligt ist.

Der Holländische Katechismus war der erste, der die Erkenntnisse der neueren Theologie in die praktische Glaubensunterweisung einbrachte. Seitdem wird auch in der neueren Religionspädagogik der Glaube an die Existenz eines Teufels abgelehnt." An dieser Stelle merkt Haag an: „Die neuesten Publikationen zum Thema führen das Stichwort Satan oder Teufel überhaupt nicht mehr auf. So R. Bleistein, Kurzformel des Glaubens. Prinzip einer modernen Religionspädagogik, Würzburg 1971; A. Exeler/G. Scherer, Glaubensinformation, Sachbuch zur theologischen Erwachsenenbildung, Freiburg 1971; B. Dreher, Glaubensstunden für Erwachsene, 2 Bde, Graz 1971/72. M. Niggemeyer, Schuld und Sünde. Arbeitshilfen für den katholischen Religionsunterricht, H1, Paderborn 1973, erwähnt die Sündenfallgeschichte lediglich als ‚Bildmodell für die Deutung der Sünde'. Man begnügt sich mit der Feststellung, daß es auf die Frage nach dem Bösen letztlich keine Antwort gibt. Das Böse wird ganz konkret erfahren und unter den Termini Schuld und Sünde beschrieben; weder im Zusammenhang mit der Taufe, noch mit der Erlösung ist von einem Teufel die Rede ... Konsequent wird diese Linie in dem neuesten ‚Lehrplanentwurf für die Grundkurse in Evangelischer und Katholischer Religionslehre auf der reformierten Oberstufe der Gymnasien in Baden-Württemberg' weitergeführt", der von der „Lehrplankommission für den Evangelischen und Katholischen Religionsunterricht in der gymnasialen Oberstufe in Baden-Württemberg (Stand 1. 12. 1972)" vorgelegt wurde. „Bei diesem ökumenischen Versuch stehen Information und Erziehung zur selbständigen Motivation eigenen Verhaltens und zur Wertorientierung im Vordergrund ... Ein ganzes Kapitel ist der Gewissensbildung gewidmet. Aber hier wird der

Mensch nicht zwischen Engel und Teufel gestellt, hier geht es um die psychische und existentielle Funktion des Gewissens, um das ,Über-Ich', den Konflikt zwischen Pflicht und Neigung, die Schuldfrage und das Problem der Befreiung des Gewissens durch Bekenntnis, Geständnis, Sühne, Gnade, Buße und Wiedergutmachung ...

Auch das *Neue Glaubensbuch,* ein ökumenisches Werk, nimmt Abschied von der alten Teufelsvorstellung ...[2] Wohl wird auch hier noch im Anschluß an neutestamentliche Textstellen vom Teufel gesprochen, aber die Aussagen sind in einen theologischen Zusammenhang eingeordnet. So wird die Dämonenaustreibung Jesu (Mt 12,28) in dem Sinn gedeutet, daß der Evangelist Jesus als ,Träger des Geistes' (S. 238) zeigen will. Die Ablösung der Herrschaft Satans bedeutet die Begründung einer neuen Welt mitten in der alten, ,ohne Angst, voll Zuversicht, getröstet, heil und gesund, oder mit einem Wort: frei. Jesu Wirken schiebt gleichsam die Grenzen, die nach seinen Worten Satan dem Menschen gezogen hat, zurück und eröffnet so dem Menschen einen Raum der Freiheit' (S. 136). Und wenn die Jünger den Befehl bekommen, Dämonen auszutreiben (Mk 3,14), geschieht das, um sie an Jesu Wirken zu beteiligen (S. 339). Das harte Wort: ,Nicht Abraham, sondern der Teufel ist euer Vater' (Joh 8,44), ist Beweis für die schon in neutestamentlicher Zeit einsetzende ,Verteufelung' der Juden (S. 395), und die Bezeichnung des Teufels als ,Vater der Lüge' dient als Kontrastfolie zu Jesu absolutem Wahrheitsanspruch (S. 493). Ausdrücklich lehnt es der Verfasser des 8. Kapitels, J. Blank, ab, ,daß sich beim Tode Jesu ein Erlösungsdrama auf höherer Ebene abspielt: als Kampf zwischen Gott und dem Teufel. Solche Denkmodelle, wie wir das heute nennen würden, sind uns weitgehend fremd geworden' (S. 156). Die Mächte und Gewalten sind Nichtse (S. 402), Reste antiken Heidentums (S. 66): ,Wir glauben heute nicht mehr an Geister in der Luft, denen der Mensch wehrlos ausgeliefert wäre' (S. 439), ,für uns sind solche Aussagen (z. B. Röm 8,38 f, Kol 2,14 f, Eph 2,13 ff) mythologisch' (S. 424). Denn das Böse kommt allein aus dem Herzen des Menschen. ,Die Erzählung vom Sündenfall schildert uns den Menschen wie er ist und immer sein wird: einer der oft und oft der Versuchung zur Sünde erliegt und sich gegen Gott entscheidet. Die Anfälligkeit für das Böse gehört offensichtlich zur Natur des Menschen, wie wir ihn kennen' (S. 324). Wie es für die ,ersten Dinge' keine Augenzeugen gibt, so gibt es für die ,letzten Dinge' (Hölle) keine Prognosen (S. 530); ,Wir wissen nichts über die letzten Dinge (S. 540).

Mit solchen Aussagen übernimmt die katechetische Unterweisung langjährige Ergebnisse der exegetischen und bibelkritischen Forschung. Das bedeutet zugleich, daß sie die offiziellen lehramtlichen Verlautbarungen in der Teufelsfrage unterlaufen hat." So Prof. Haag (S. 90 — 94).

Die Frage, wie tief und wie weit die hier zitierten Irrtümer bezüglich der Existenz personaler dämonischer Wesen in das Bewußtsein des christlichen Volkes eingedrungen sind, ist nicht leicht zu beantworten. Nach einer Anmerkung von H. Haag sollen „Umfragen ergeben haben, daß selbst von den katholischen Theologen ein Drittel nicht mehr an die

Existenz des Teufels glaubt und nur 39 Prozent die Auffassung vertreten, die Papst Paul VI. 1972 als verbindlich bekräftigt hat. Von den evangelischen Theologen lehnen 51 Prozent den Teufelsglauben entschieden ab“ (S. 20).

Ob die genannten statistischen Zahlen repräsentativ sind, wird nicht gesagt. Ebenso ist ungewiß, für welche Gruppen von Theologen sie eventuell gültig sein sollen. Immerhin dürften in der dekadenten westlichen Welt mehr Vertreter einer degenerierten Theologie anzutreffen sein als etwa in jenen Ländern, wo man die Mächte der Finsternis am eigenen Leib und Leben zu spüren bekommt. Jedenfalls stehen alle Theologen und Christen, die an die Existenz des personal Bösen nicht mehr glauben, „außerhalb der biblischen und kirchlichen Lehre“, wie Papst Paul VI. bei der Generalaudienz vom 15. November 1972 sagte. Der Papst erklärte damals: „Wir stoßen auf die Sünde, die eine Pervertierung der menschlichen Freiheit und tiefste Ursache des Todes ist, weil sie uns von Gott, der Quelle des Lebens, trennt (Röm 5,12). Und die Sünde gibt ihrerseits einem dunklen, feindlichen Täter, dem Teufel, Gelegenheit zu wirksamem Eingreifen in uns und unsere Welt. Das Böse ist nicht mehr nur ein Mangel, sondern es ist eine wirkende Macht, ein lebendiges geistiges Wesen, verderbt und verderbend, eine schreckliche Realität, geheimnisvoll und beängstigend. Wer die Existenz dieser Realität bestreitet, stellt sich außerhalb der biblischen und kirchlichen Lehre; desgleichen, wer daraus ein eigenständiges Prinzip macht, das nicht, wie alles Geschaffene, seinen Ursprung aus Gott nimmt; oder auch, wer es zu einer Scheinwirklichkeit erklärt, es für eine erfundene, phantastische Personifikation der unbekannten Ursachen unseres Unheils hält."[3]

Der unfehlbare Glaube der katholischen Kirche fordert aber nicht nur, daß der personale Charakter des Teufels, sondern auch die Existenz personaler Geistwesen anerkannt wird, seien es gute Geister (Engel), oder böse Geister (Dämonen).

Wenn es auch im Einzelfall nicht immer leicht sein mag, Krankheiten und dämonische Einflüsse, wie etwa Besessenheit, mit letzter Sicherheit zu unterscheiden und voneinander zu trennen, so ist es doch abwegig und mit dem Dogma der Kirche unvereinbar, wenn R. Schnackenburg, der wohl an die Existenz eines Teufels glaubt, im Anschluß an O. Semmelroth die Meinung vertritt, „als Katholik könne man weder mit Sicherheit sagen, daß es persönliche böse Geister gebe, noch dürfe man als sicher behaupten, es gebe sie nicht. In der Kirche müsse ein theologischer Pluralismus möglich sein".[4]

In der Kirche ist heute zwar vieles möglich, aber ein schizophrener Pluralismus, der Irrtum und Wahrheit gleichrangige Berechtigung zuerkennt oder auf Wahrheitsanspruch verzichtet, indem er die Wahrheitsfrage ausklammert oder umgeht, hat in der katholischen Kirche kein Existenzrecht. Wenn das unfehlbare Lehramt der Kirche eine Frage bereits endgültig entschieden hat, wie es bezüglich der Existenz böser Geister der Fall ist, bleibt für einen theologischen Pluralismus kein Raum mehr. Er findet seine Grenze immer an der Wahrheit, der er zu dienen und die er immer tiefer zu erforschen hat. Die tiefere Erforschung der Wahrheit darf indes niemals zur Aufhebung oder Zerstörung der Wahrheit führen. Theologische Forschung, die eine dogmatisch feststehende Wahrheit nicht anerkennt, hört auf, legitim zu sein. Der illegitime theologische Pluralismus, der die Lehre der Kirche nicht zur Kenntnis nimmt, dient nicht Christus, der die Wahrheit ist (Joh 14,6), sondern dem „Vater der Lüge" und dem „Verführer der ganzen Welt", wie der Teufel im Neuen Testament genannt wird.

Ein überheblicher Theologieprofessor, der auf die Papstansprache vom 15. November 1972 mit der Bemerkung reagiert hat, Papst Paul VI. „wisse in der Theologie weniger Bescheid als ein erstsemestriger Theologiestudent in Tübingen,"[5] muß doch das Gelächter, das er dadurch bei unerleuchteten Zeitgenossen hervorruft, für sich persönlich als überaus peinlich empfinden. Merkt der blasierte Gegen-Papst nicht, daß er außerhalb einer von Gott geoffenbarten und für alle Zeiten gültigen Wahrheit steht? Hat er als Bibelwissenschaftler nicht schon aus dem Alten Testament gelernt, daß Gott den Hochmütigen widersteht und sie blind macht? Ebenso bedauernswert sind die armen Blinden, die sich bereitwillig von einem Blinden (ver-)führen lassen. Sie werden mit ihrem blinden Führer gemeinsam in die Grube fallen, wie Jesus Christus sagt. Ein ernstes Wort, eine göttliche Wahrheit, über die sich zu meditieren lohnt.

Um so unbegreiflicher ist es, wenn heute nicht wenige blinde oder verblendete Theologen ihre Lehrstühle dazu mißbrauchen dürfen, um ewige Wahrheiten unseres Glaubens zu leugnen oder in Irrtümer umzudeuten. Damit untergraben sie ja nicht nur den Glauben, sondern auch die Glaubwürdigkeit der Kirche, in deren Auftrag und Namen sie ihre finstere Theologie dozieren. Die Narrenfreiheit nach dem II. Vatikanischen Konzil geht sogar so weit, daß selbst Top-Häretiker ihre Irrlehren nicht mehr zu widerrufen brauchen. Sie dürfen ihre verderblichen „neuen Erkenntnisse“ ohne ernsthafte Störung überall verbreiten und unübersehbaren Schaden anrichten. Ihr Beispiel macht Schule und führt immer tiefer in die katastrophale Verwirrung, die heute die Kirche verfinstert und spaltet. Zwar wird es den Söhnen der Finsternis nicht gelingen, die auf den Felsenmann (Petrus) gebaute Kirche ganz zu zerstören, aber viele Menschen werden durch die dämonische Brillanz ihrer Ideen und Sprache in Unheil und Verderben geführt. Ihre Macht ist schon so groß, daß viele verantwortliche Lehrer und Wächter des Glaubens nicht mehr den Mut haben, mit gebotener Härte entschieden und unbeirrt gegen sie vorzugehen. Man fürchtet, die schon bestehende, aber vielen noch verborgene Glaubensspaltung könnte offenbar werden. Deshalb ziehen es heute viele Ober-Hirten vor, im Namen der Klugheit feige zu sein und ihre arglosen Schafe reißenden Wölfen zu überlassen. Und doch ist der ungeheuerliche Massenabfall nach dem II. Vatikanischen Konzil eine Tatsache, die weder geleugnet, noch verheimlicht werden kann. Von der erhofften Erneuerung der Kirche im Heiligen Geist ist nicht viel zu spüren. Aber Satan und seine Dämonen können mit Stolz große und zahlreiche Erfolge verbuchen. Die Geister der Finsternis haben eine geistige Finsternis in Kirche und Welt verursacht, wie sie in der Geschichte noch niemals erlebt wurde. Und das unbegreiflich Neue dabei ist: Sie haben es erreicht, daß diese Finsternis mit „Toleranz “hingenommen wird. Wenn der Satan und die Hölle sich darüber freuen könnten, würden sie es tun. Da sie aber weder Liebe empfangen noch schenken können, sind sie zur Freude nicht mehr fähig. Es bleibt ihnen nur noch die Möglichkeit, höllisch zu jaulen. Und das tun sie sehr kräftig, denn sie haben angesichts mancher „Fortschritte“ nach dem II. Vatikanischen Konzil allen Grund dazu.

## 2. Die Wahrheit des Glaubens

Das Wort Gottes, das Wahrheit ist (Joh 17,17), offenbart uns, wer der Satan ist und welche Rolle er mit den Dämonen im Heilsplan Gottes und in der Heilsgeschichte spielt.[6]

Das Alte Testament enthält, seinem vorbereitenden Charakter entsprechend, noch keine ausgeprägte Lehre über das Wesen und Wirken Satans und sein Verhältnis zu den Dämonen. Im Hebräischen bedeutet Satan ursprünglich ein feindliches Wesen und wird zunächst im Sinne eines irdischen Feindes und Widersachers verstanden (1 Kg 11,14.25), wobei schon der Gedanke zum Ausdruck kommt, daß die genannten „Widersacher" die Strafe Gottes an Salomo zu vollstrecken haben. Die Bezeichnung Satans als dämonisches Geistwesen findet sich erstmals in 1 Chr 21,1, wo gesagt wird: „Der Satan stand auf gegen Israel". Im Parallelbericht steht dagegen für „Satan" noch der „Zorn des Herrn", der gegen Israel entbrannte (2 Sm 24,1). In juristischem Sinn erscheint Satan als Ankläger (Sach 3,1 ff), im Buch Job spielt er die Rolle eines himmlischen Staatsanwaltes. Hier tritt er als einer der „Söhne Gottes" auf, noch nicht als Widersacher Gottes, sondern nur als Feind des Menschen. Er durchstreift die Erde, überwacht die Menschen und wirkt nicht nur als Ankläger, sondern auch als Verleumder und Versucher. Sein Ziel ist, den Menschen zur Auflehnung gegen Gott zu verführen und ihn in Unglück und Verderben zu stürzen. Damit sind bereits die ersten wesentlichen Züge des biblischen Santansbildes angedeutet: Der Satan ist Geschöpf und Diener

Gottes. Seine menschenfeindlichen Pläne wie Naturkatastrophen, Überfälle, Krankheiten und andere Unheilstaten, darf er nur mit Erlaubnis Gottes verwirklichen. Mit der Personifizierung des bösen Geistes Gottes, der in 1 Kg 22,21 ff zum Lügengeist in den Propheten und bei Job zum persönlichen Satan wird, und des „Zornes des Herrn" (2 Sm 24,1), der in 1 Chr 21,1 unter dem Eigennamen „Satan" erscheint, hat die alttestamentliche Offenbarung über den Satan zugleich den Höhepunkt ihrer Entwicklung erreicht und die spätjüdische Auffassung vom Satan als Gegenspieler Gottes und Feind des Menschen eingeleitet, die dann im Neuen Testament weitergeführt und vollendet wird.

Die endgültige Antwort auf die Frage nach dem Teufel erhalten wir erst durch Jesus Christus und die neutestamentlichen Schriften. Im Johannesevangelium sagt Jesus vom Teufel (Diabolos = Durcheinanderwerfer), daß er „von Anfang an ein Menschenmörder war und in der Wahrheit nicht feststeht, weil Wahrheit nicht in ihm ist. Wenn er lügt, spricht er so recht aus seinem eigenen; denn er ist ein Lügner und der Vater der Lüge" (8,44). Zum rechten Verständnis dieses johanneischen Jesuswortes ist zu beachten, daß mit der zeitlichen Bestimmung „von Anfang an" nicht der Uranfang der Schöpfung gemeint sein kann, weil diese ja nach dem Wort Gottes ursprünglich „sehr gut war" (Gen 1,31), sondern vielmehr der Anfang der Heils- und Unheilsgeschichte, die mit dem Sündenfall Satans und seiner Engel begann. Schon damals, vor der Erschaffung des Menschen, stand der Satan nicht in der Wahrheit, weil er die Wahrheit des göttlichen

Offenbarungswortes und die Wahrheit seiner eigenen geschöpflichen Wirklichkeit nicht wahrhaben wollte. Er wurde zum Lügner, weil er das nicht sein wollte, was er durch Gott und vor ihm wirklich war. Statt das Heil, das Gott ihm angeboten hatte, zu akzeptieren und die Aufgabe, die Gott ihm zugedacht hatte, zu erfüllen, verweigerte er Gott den Dienst und verschloß sich in autonomer Selbstisolierung und Selbstvergottung der Gnade Gottes. Indem er die göttliche Offenbarungswahrheit und Schöpfungswirklichkeit ablehnte, verkehrte er sein eigenes Wesen zur Lüge und wurde so zum Vater der Lüge, der „Gottes Wahrheit mit der Lüge vertauschte", was im Römerbrief (1,25) von allen gesagt wird, „die an Stelle des Schöpfers das Geschaffene anbetend verehren". Als er dann den ersten Menschen zum Ungehorsam gegen Gott verführt hatte, war er zum „Menschenmörder von Anfang an" geworden, zum Gewalthaber über den Tod (Hebr 2,14). „Durch den Neid des Teufels kam die Sünde in die Welt und durch die Sünde der Tod" (Weish 2,24; Röm 5,12). Zusammen mit dem Satan wurden „die Engel, die ihre Würde nicht wahrten, sondern ihre Wohnstätte aufgaben" von Gott „für das Gericht des großen Tages mit ewigen Fesseln in der Finsternis verwahrt" (Jud 6). Nach Offb 12,7 ging die Auflehnung der Engel gegen Gott von einem Anführer aus, der „Drache" genannt wird und mit „seinen Engeln" gegen „Michael und seine Engel" kämpfte. „Doch sie richteten nichts aus, und es blieb kein Platz mehr für sie im Himmel" (12,8). In den synoptischen Evangelien wird der Satan von den Pharisäern und Schriftgelehrten „Beelzebul" genannt. Dieser galt als „Oberster" oder „Fürst der

Dämonen“ (Mk 3,22; Mt 12,24; Lk 11,14). Satan hat die Nähe und Freundschaft Gottes verloren. Jesus sah ihn „wie einen Blitz aus dem Himmel stürzen“ (Lk 10,18). „Gestürzt wurde der große Drache, die alte Schlange, die den Namen Teufel und Satan trägt, der den ganzen Erdkreis verführt; er wurde hinabgestürzt auf die Erde, und seine Engel wurden mit ihm gestürzt“ (Offb 12,9). Die Bezeichnungen „Drache“ und „Schlange“ sind Symbole für das Urchaos und charakterisieren den Teufel als chaotische Macht.[7] Auf der Erde übt der Satan eine unheilvolle und todbringende Herrschaft aus. Christus nennt ihn mehrmals „Herrscher (Fürst) dieser Welt“ (Joh 12,31; 14,30; 16,11), der die Reiche dieser Welt vergeben kann (Lk 4,6) und wirklich stark ist (Mt 12,29). Bis zum Anbruch der Gottesherrschaft in Jesus Christus (Mk 1,15) hält er die Menschheit durch die Todesfurcht gefesselt und versklavt (Hebr 2,15). Der Satan übt seine Herrschaft der Finsternis im Dunkeln aus, unbemerkt sät er Unkraut auf Gottes Ackerfeld, das die Welt ist (Mt 13,25.39). Heimlich nimmt der schlechthin „Böse“ das Wort Gottes aus den Herzen der Menschen und verführt sie zum Unglauben (Mt 13,19; Mk 4,15). Der unheimliche „Versucher“ (Mt 4,3; 1 Thess 3,5; 1 Kor 7,5; Jak 1,13) und „Verführer der ganzen Welt“ (Offb 12,9) versteht es, sich als „Engel des Lichtes“ zu tarnen (2 Kor 11,14) und die Menschen zu täuschen. „Den Ungläubigen, die verlorengehen, hat er als Gott dieser Welt den Sinn geblendet, um ihnen das Leuchten der herrlichen Botschaft von Christus, der das Bild Gottes ist, nicht aufstrahlen zu lassen“ (2 Kor 4,4). Für die Ungläubigen, deren Gott er ist, verhüllt der Satan also das Licht des Evangeliums.

Dennoch gerät der Mensch durch eigene Schuld in die Sklaverei Satans (Apg 10,38), denn niemand kann von ihm zur Sünde gezwungen, sondern nur versucht werden (1 Kor 7,5). Wer sündigt, ist aber vom Teufel, dessen Lebenselement von Anfang an die Sünde ist (1 Joh 3,8). Er ist der Urheber der Sünde (2 Kor 11,3), der „noch jetzt wirksam ist in den Söhnen des Ungehorsams" (Eph 2,2). Seine Macht übt er zusammen mit den bösen Geistern (Dämonen) aus, die ihm unterworfen sind (Mt 25,41; 2 Kor 12,7; Eph 6,12). Götzendienst (1 Kor 10,20) und Zauberei (Apg 13,10) gehen von ihm aus. Wie der wahre Gott, sucht auch Satan, der „Gott dieser Welt", Menschen, die ihn anbeten, wie die Versuchung Jesu zeigt (Mt 4,9). Allezeit richtet sich sein Haß auf Jesus Christus und gegen das mit ihm gekommene Gottesreich und seine Zeugen. Die Kirche wird von ihm von Anfang an angegriffen, bekämpft und verfolgt (Lk 22,31). So verführte er den Judas zum Verrat (Lk 22,3; Joh 6,70; 13,2.27) und Ananias und Saphira zum Betrug (Apg 5,3). In den ersten Christengemeinden erregte er schon Spaltung und Zwietracht (2 Kor 2,11; Offb 2,24) und suchte mit allen Mitteln die apostolische Verkündigung, besonders das Wirken des Völkerapostels zu hemmen (1 Thess 2,18; 3,5; 2 Kor 12,7). Auch für manche Krankheiten ist er verantwortlich (Lk 13,16; 1 Kor 5,5). Zu Smyrna hat er seine „Synagoge" (Offb 2,9) und in Pergamum, dem Zentrum des Kaiserkultes, seinen „Sitz" (Offb 2,13). Er steht hinter dem „Tier aus dem Meer" und dem „Tier vom Festland" (Offb 13) und verführt und beherrscht durch sie die Bewohner der Erde mit Lüge und Gewaltherrschaft. „Es wurde ihm gegeben, Krieg zu führen mit den

Heiligen und sie zu besiegen, und es wurde ihm Macht gegeben über jeden Stamm und jedes Volk, jede Zunge und jede Nation" (Offb 13,7). Die Heiligen werden in die Gefangenschaft geführt und mit dem Schwert getötet (Offb 13,10). Doch die Herrschaft des Tieres ist nicht von Dauer, denn es wird „ins Verderben gehen" (Offb 17,8). Die Heiligen werden mit Christus siegen, der den Teufel bereits geschlagen und seine Herrschaft gebrochen hat (Mt 12,28; Joh 12,31). Er ist ja gekommen, um die „Werke des Teufels zu vernichten" (1 Joh 3,8). Mit seinem Auftreten auf Erden (Lk 10,18) und seinem Tod am Kreuz (Joh 12,31) ist der Sieg über den Satan schon errungen. Der „Fürst dieser Welt" ist durch Jesus Christus schon gerichtet, entmachtet und „hinausgeworfen". Er ist der Stärkere, der den Starken fesselt und ihm die Beute entreißt (Mk 3,27). Für die Jünger Jesu ist freilich der Kampf gegen Satan und die „Weltherrscher der Finsternis" (Eph 6) noch nicht beendet, denn endgültig wird die Macht Satans erst bei der Wiederkunft Christi (Parusie) überwunden (Offb 12,7 ff; 20,9 f; Mt 25,41; 1 Kor 15,24 f), wenn der Endsieg Jesu Christi im Endgericht offenbar wird. Schon jetzt aber wird die Herrschaft Gottes über den Satan und sein Reich in den Teufelsaustreibungen sichtbar (Mk 1,23 ff; Mt 8,28 ff; 17,14 ff; Apg 5,16; 8,7; 16,16; 19,12), die von Jesus und den von ihm bevollmächtigten Jüngern gewirkt werden und das bereits gegenwärtige Gottesreich zeichenhaft bezeugen. Die Befreiung der Besessenen aus der Gewaltherrschaft des Teufels zeigt an, daß in Jesus, seinem Wort und Werk, die Gottesherrschaft angebrochen ist und die Satansherrschaft überwunden wird (Lk 11,20). Die Be-

richte über die Dämonenaustreibung gehören übrigens zur ältesten Schicht der synoptischen Überlieferung und können als geschichtliche Tatsachen nicht bestritten und entmythologisiert werden. Da es heute immer noch Fälle dämonischer Besessenheit gibt und die „Macht der Finsternis“ immer noch ihre „Stunde“ hat — man braucht nur an die Massenverführung und den Massenabfall vom Glauben zu erinnern, von der Eskalation der Verbrechen und Unmoral ganz zu schweigen — sollten die Gläubigen nüchtern und wachsam sein, denn „der Teufel geht umher wie ein brüllender Löwe und sucht, wen er verschlingen könne“ (1 Petr 5,8). Über die Jünger Jesu, die ihm „standhaft im Glauben widerstehen“, hat er freilich keine Gewalt mehr. Der „Gott des Friedens“ (Röm 16,20), der den Satan zertreten wird, hat die Kinder des Lichtes „der Macht der Finsternis entrissen und in das Reich des Sohnes seiner Liebe versetzt, in dem wir die Erlösung haben durch sein Blut, die Vergebung der Sünden“ (Kol 1,13 f). Der Herr Jesus hat im Hohenpriesterlichen Gebet für seine Jünger gebetet, daß der Vater sie vor dem „Bösen“ bewahre (Joh 17,15) und uns gelehrt, im Vater unser um die Erlösung vom „Bösen“ zu bitten. In beiden Gebeten ist mit „dem Bösen“ nicht nur das Böse, sondern auch der Böse, das heißt der Urheber des Bösen, gemeint. Er hat allerdings über jene Gewalt, die „ihm Raum geben“ (Eph 4,27), sich von der dreifachen Begierlichkeit leiten lassen (1 Joh 2,16) und ihm nicht durch festen Glauben und beharrliches Gebet (Mk 14,38) widerstehen.
Heute hat er viele Menschen unter seine Sünden- und Todesherrschaft gebracht und seine Macht wird um so größer, je näher die Vernichtung des Anti-

christs (2 Thess 2,8) und das „Ende aller Dinge" (1 Petr 4,7) heranrückt. Der Teufel weiß, daß „seine Zeit kurz ist" (Offb 12,12) und der „Tag des Herrn" (Apg 2,20) bald kommen wird, Deshalb steigert er seinen Zorn und seine Aktivität. In den letzten Zeiten wird seine Herrschaft ihren Höhepunkt erreichen. Die „Epoche des Teufels"[8] oder die „endzeitliche Großoffensive Satans"[9] scheint bereits angebrochen zu sein.

Die Erfolge Satans in Kirche und Welt sind heute in der Tat ungeheuerlich. Ihren Gipfel erreichen sie in jener Richtung der modernen Theologie, die nicht nur die Existenz des persönlichen Teufels, sondern auch die des persönlichen, trinitarischen Gottes leugnet. Da diese finsteren Irrlehren in der Gegenwart wie eine Epidemie um sich greifen und selbst bei rechtgläubigen Christen Verunsicherung und Verwirrung auslösen können, sah sich das Lehramt der Kirche veranlaßt, die biblische Lehre und den christlichen Glauben bezüglich des Teufels und der Dämonen neu zu bekräftigen. Papst Paul VI. tat dies am 29. Juni 1972, am Fest der Apostelfürsten Petrus und Paulus, als er anläßlich des neunten Jahrestages seiner Krönung in einer Homilie vor den Kardinälen, dem Diplomatischen Korps und zahlreichen Gläubigen mit bewegter Stimme sagte: „Wir haben den Eindruck, daß der Rauch Satans durch irgendeinen Riß in den Tempel Gottes eingedrungen ist. Es ist der Zweifel, die Unsicherheit, die Infragestellung, die Unruhe, die Unzufriedenheit, die Auseinandersetzung. Man hat kein Vertrauen mehr zur Kirche ... Der Zweifel ist durch Fenster eingedrungen, die nur für das Licht geöffnet sein dürfen ... Man hätte meinen sollen, nach dem Konzil würde die Sonne über der Geschichte der Kirche scheinen. Statt der Sonne aber haben wir die Wolken, den Sturm, die Finsternis, das Suchen, die Ungewißheit. Wir predigen den Ökumenismus und wir trennen uns täglich mehr voneinander. Wir reißen Abgründe auf, statt sie zuzuschütten.

Wie hat das geschehen können? Wir meinen, eine feindliche Macht hat sich eingemischt. Ihr Name ist der Teufel, dieses geheimnisvolle Wesen, auf das der hl. Petrus in seiner Epistel (1 Petr 5,8 – 9) anspielt. Wie oft spricht Christus im Evangelium von diesem Feinde der Menschen! Wir glauben an etwas (oder jemand) Außernatürliches, das in die Welt gekommen ist, um sie zu verwirren, um die Früchte des Ökumenischen Konzils zu zerstören und um die Kirche daran zu hindern, ihre Freude darüber zu besingen, daß sie wieder ihr volles Selbstbewußtsein gefunden hat. Darum möchten wir, heute mehr denn je, in der Lage sein, die von Gott dem Petrus anvertraute Aufgabe, unsere Brüder im Glauben zu stärken, auszuüben."[10]

Bei der Generalaudienz am 15. November 1972 griff der Papst in seiner Ansprache erneut die Frage nach dem Teufel auf und legte den Glauben der Kirche über die Existenz, das Wesen und Wirken Satans und der dämonischen Mächte ausführlicher dar.[11] Auf die Frage, was die Kirche heute am dringendsten brauche, antwortet Paul VI.: „Eines der größten Bedürfnisse der Kirche ist die Abwehr jenes Bösen, den wir den Teufel nennen."

Im ersten Teil der Ansprache betrachtet der Papst das menschliche Leben und die Schöpfung Gottes, das göttliche Geheimnis der Erlösung und das übernatürliche Endziel des ganzen Universums und erklärt, daß „die christliche Sicht des Kosmos und des Lebens von einem siegesbewußten Optimismus erfüllt“ ist. Dann ergänzt er diese Sicht der Dinge durch den Hinweis auf die Wirklichkeit des Übels in der Geschichte, das als „das sittlich Böse ... zugleich gegen den Menschen und gegen Gott gerichtet ist“. Dann erläutert der Heilige Vater in einem kurzen Überblick die Lehre der Heiligen Schrift über das Böse und den Bösen und bemerkt im Anschluß daran, daß „dieses Kapitel über den Teufel und über den Einfluß, den er auf die einzelnen Menschen wie auf die Gemeinschaft, auf ganze Gesellschaften oder auf die Ereignisse auszuüben vermag, als ein sehr wichtiger Abschnitt der katholischen Lehre neu zu durchdenken wäre, was heute aber kaum der Fall ist“. In der Tat ist die moderne katholische Theologie an einer tieferen Durchdringung dieser durchaus schwierigen Materie kaum interessiert. So ist etwa nach der Meinung Karl Rahners eine explizite Lehre vom Teufel für den konkreten christlichen Daseinsvollzug nicht notwendig. Für den Menschen von heute sei überdies der Zugang zu dieser Lehre relativ schwierig, außerdem finde sich auch in den großen Glaubensbekenntnissen die Rede vom Teufel nicht. Schließlich meint Rahner, daß „zur Apologetik der wirklichen dogmatischen Teufelslehre heute Berufungen auf spiritistische Phänomene oder auf solche von Besessenheit im allgemeinen wenig fruchtbar sind, weil beide ... auf die Skepsis des Menschen der naturwissenschaftlich exakten Empirie stoßen“.[12]

Demgegenüber ist zu bedenken, daß das Totschweigen oder gar die Leugnung der Existenz Satans und seines Wirkens in unserer dämonisierten Welt für viele Menschen eine ernste Gefährdung ihres Heils bedeuten kann. Wenn man den hinterhältigen Todfeind des Menschen – und das ist der Teufel – nicht mehr ernstnimmt und seine finsteren Anschläge und Machenschaften nicht mehr bekämpft, steht das ewige Heil vieler Menschen in Frage. Ferner dürfte es nicht zutreffen, daß der „Mensch der naturwissenschaftlich exakten Empirie" wenig Verständnis für übersinnliche Phänomene habe. Eher scheint das Gegenteil der Fall zu sein, wie das große Interesse für parapsychologische Fragen (Psi) und der weltweite Rummel um den Film „Der Exorzist" beweist. Ausschlaggebend für eine intensivere Erörterung der Dämonologie in der Theologie sind letztlich rein theologische Gründe. Und gerade diese Gründe legen im Zeitalter der Entmythologisierung, wo der Teufel als personales Wesen geleugnet wird, eine vertiefte Erforschung und Verkündigung des Geheimnisses der Bosheit (mysterium iniquitatis) dringend nahe. Der Traktat über den Teufel ist keineswegs ein peripheres Thema oder eine Randerscheinung der christlichen Theologie. Mit dem Glauben an den Teufel und sein geschichtsmächtiges Wirken steht und fällt nicht nur die christliche Lehre von den letzten Dingen (Eschatologie) sondern auch die Lehre von der Erlösung (Soteriologie) und damit auch die Lehre vom Erlöser (Christologie). Letztere aber steht schließlich in einem notwendigen Zusammenhang mit der Gotteslehre im engeren Sinn, d. h. mit der Theologie schlechthin. Es ist gewiß nicht zufällig, wenn die Theologie, die mit der Entmythologisierung des Teufels begonnen hat, in letzter Konsequenz mit der Entmythologisierung und Leugnung Gottes endet. (Wir haben dies bereits angedeutet und wollen später noch ausführlicher darauf eingehen). Wenn also mit der Satanologie tatsächlich die gesamte christliche Theologie steht und fällt, ist es nicht verantwortbar, diese Lehre vom Teufel an den Rand zu drängen oder gar totzuschweigen. Paul VI. vertritt mit Recht die Meinung, daß die theologische Auseinandersetzung mit dem Teufel und seinem Einfluß in der Welt heute dringend notwendig ist.

Im letzten Teil seiner Ansprache vom 15. November 1972 fragt der Papst nach den Anzeichen, die für das tatsächliche Wirken des Teufels sprechen und nach den Mitteln, die zur Verteidigung gegen ihn angewandt werden können. Auf die erste Frage antwortet er: „Wir werden sein unheilvolles Wirken überall dort vermuten können, wo die Leugnung Gottes radikale, scharfe und absurde Formen annimmt, wo die Lüge sich heuchlerisch und mächtig gegen die offenkundige Wahrheit behauptet, wo die Liebe von einem kalten, brutalen Egoismus ausgelöscht wird, wo der Name Christi mit bewußtem und aufrührerischem Haß bekämpft wird (vgl. 1 Kor 16,22; 12,3), wo der Geist des Evangeliums ins Reich der Märchen verbannt und verleugnet wird, wo die Verzweiflung das letzte Wort behält ... Das Problem des Bösen bleibt eines der größten, ständigen Probleme für den menschlichen Geist, auch nach der sieghaften Antwort, die Jesus darauf gegeben hat... Nun zur zweiten Frage: Wie kann man sich gegen das Wirken des Teufels verteidigen? Die Antwort ist einfach zu formulieren, wenn auch ihre Durchführung schwierig ist. Wir können sagen: Alles, was uns vor der Sünde bewahrt, schützt uns eben dadurch vor dem unsichtbaren Feind. Die Gnade ist und bleibt die entscheidende Verteidigung. Das Freisein von Sünde erweist sich gleichfalls als Stärke. Und jeder erinnert sich, wie die Apostel in ihrer Unterweisung die Rüstung eines Soldaten als Symbol für die Tugenden verwandten, die den Christen unverletzbar machen können (vgl. Röm 13,12; Eph 6, 11.14.17; 1 Thess 5,8). Der Christ muß gleichsam ein Soldat sein, muß wachsam und tapfer sein (1 Petr 5,8); er muß bisweilen zu besonderen asketischen Übungen greifen, um bestimmte Angriffe des Teufels abzuwehren. Jesus belehrt den Christen durch den Hinweis auf das Heilmittel „Gebet und Fasten" (Mk 9,29). Der Apostel rät ihm, als wesentliche Richtlinie einzuhalten: „Laß dich nicht vom Bösen überwinden, sondern überwinde das Böse durch das Gute (Röm 12,21; Mt 13,29)."

Während die lichtvollen Worte des Papstes von vielen rechtgläubigen Christen dankbar begrüßt wurden, reagierten die Söhne der Finsternis teils mit mitleidigem Lächeln auf diesen „Rückfall ins Mittelalter", teils ließen sie sich in blinder Arroganz zu schulmeisterlichen, ja sogar höhnischen und spöttischen Bemerkungen gegen Paul VI. hinreißen. Die Verblendung mancher „mündiger Christen" äußerte sich in Formen, wie sie ähnlich nach der Enzyklika „Humanae vitae" (1968) zu beobachten waren, wenngleich nicht mit derselben Heftigkeit und Schärfe wie damals. Der Zusammenhang beider Ereignisse scheint verständlich. Denn die durch die sexuelle Revolution abgestumpften Seelen haben die Antenne für geistige Realitäten weithin verloren und sind damit auch blind geworden für den Satan, den geistigen Vater der gott- und menschenfeindlichen sexuellen Entartung, Verirrung und Verwirrung unserer Zeit. Die profilierten „katholischen“ Irrlehrer haben sich nach der päpstlichen Lektion im Jahre 1972 nicht nur nicht zur Wahrheit bekehrt, einige von ihnen haben sogar den wahnwitzigen Versuch unternommen, den Irrglauben pseudowissenschaftlich zu begründen. In dem 1974 erschienenen Buch „Teufelsglaube“ haben sie die Frage: „Sind die biblischen Aussagen über Satan, Teufel, Dämonen und böse Geister verbindliche Glaubensaussagen, so daß sie uns zum Glauben an böse außerweltliche und personale Mächte verpflichten? ... mit einem deutlichen Nein“ beantwortet (S. 24). Im Schlußwort dieses Buches, das „zu einem reineren und reiferen Glauben führen will“, wird sogar behauptet, „daß wir es beim Teufelsglauben mit etwas Heidnischem und zutiefst Unchristlichem zu tun haben ... So ist der Glaube an Dämonen von der Religion Israels immer als etwas mit der Offenbarung Gottes Unverträgliches angesehen worden. Außer Gott gibt es im Glauben Israels keine überirdischen Mächte, die im Leben des Menschen eine Rolle spielen ... Das Alte Testament als Ganzes ist eine einzige Verurteilung jedes Teufelsglaubens ... Aber auch die Satansaussagen des Neuen Testaments sind ... nicht Zeugnisse einer verbindlichen göttlichen Offenbarung. Satan war nicht Gegenstand der Verkündigung Jesu, noch hat Jesus sein Wirken als Kampf gegen den Satan verstanden. Ihm ging es um das Heil der Menschen und ihre Befreiung von der Sünde, die in den Vorstellungen des damaligen Judentums mit der Gestalt des Satans in Verbindung gebracht wurde. Daß Jesus den Satansglauben seiner jüdischen Umwelt deutlich zurückgewiesen hat, konnte jedoch nicht verhindern, daß sich dieser in den neutestamentlichen Schriften in verschiedener Weise Raum zu verschaffen wußte ...

Der Teufel ist für die Erklärung des Bösen in der Welt nicht nur unbrauchbar, er ist auch unnötig. Die empirischen Wissenschaften, denen wir unter anderem den Einblick in die evolutive Entstehung der Welt verdanken, lehren uns auch das Böse neu verstehen. Im Hinblick auf die Evolution sagt P. Teilhard de Chardin: ‚Die unvermeidliche Schattenseite des Gelingens, das durch einen derartigen Prozeß verwirklicht wird, ist doch, daß der Erfolg mit einem gewissen Prozentsatz von Abfall bezahlt werden muß. In der Ordnung des Anorganischen sind es physische Mißtöne und Zerstörungen, in der des Lebens ist es das Leiden, und in der der Freiheit ist es die Sünde: es gibt keine Ordnung im Werden, die nicht auf allen Stufen Unordnung in sich schließt‘ (Zitiert bei A. Haas, Teilhard de Chardin-Lexikon II, Freiburg 1971, 354). Noch wichtiger jedoch scheint mir eine andere Erkenntnis zu sein: daß der christliche Glaube mit dem Abschied vom Teufel nichts verliert, sondern nur gewinnt. Die Botschaft des Evangeliums, die weithin in eine Drohbotschaft vom Teufel verkehrt worden war, wird wieder zur ungeschmälerten Frohbotschaft Gottes ... Gerade weil Jesus seine Sendung nicht darin gesehen hat, den Satan zu überwinden, sondern den Menschen die Liebe Gottes in seiner Liebe nahezubringen – eine Liebe, die er am Kreuz vollendete – bleibt er der ‚Anführer auf dem Weg ins Leben‘

(Apg 3,15). In seiner Nachfolge weiß sich der Christ berufen, mit dem Bösen in der Welt zu leben und das Böse durch das Gute zu überwinden (Röm 12,21).

Deshalb kann der Kreuzestod Jesu ohne Teufel auch nicht das Geringste an Bedeutung und Wert verlieren. Er bleibt das erschütternde Manifest der vergebenden Liebe Gottes zu den Menschen und die allein gültige Weisung für den Gläubigen. Denn nur die Kraft der Liebe vermag die verhängnisvolle Übermacht des Bösen zu durchbrechen und zu mindern. Deshalb bedarf ein Evangelium, das nichts weiß, ‚außer Jesus Christus, und zwar den Gekreuzigten' (1 Kor 2,2) keiner Ergänzung durch den Teufel" (S. 503 ff).

Es ist klar, daß derart massive Angriffe auf die Wahrheit des Evangeliums nicht ohne Antwort von seiten des kirchlichen Lehramts bleiben konnten. Früher hätte man Häretiker wie Professor Haag und Genossen zum Widerruf aufgefordert und sie im Falle der Weigerung von ihren theologischen Lehrstühlen gejagt und aus der Gemeinschaft der Kirche, deren Glauben sie provokativ leugnen, ausgeschlossen. Heute ist man zur Freude der Antichristen und zum Jaulen der Hölle gegen Irrlehrer dieser Art noch „barmherzig" und „tolerant" und begnügt sich im Kampf gegen ihre verderbliche Pseudotheologie mit „Erklärungen". Ob dieser neue Stil im Zeitalter des „Pluralismus" in einem ursächlichen Zusammenhang steht mit dem „Rauch Satans", der nach Papst Paul VI. durch „irgendeinen Riß in den Tempel Gottes" und nach Meinung anderer sogar durch weitgeöffnete Fenster und Türen in das Innere des Vatikans eingedrungen ist? Wie dem auch sei, jedenfalls kam die „Erklärung“ der Kongregation für die Glaubenslehre am 25. Juni 1975. Das Thema: Christlicher Glaube und Dämonenlehre.[13]

Das Dokument, das von theologischer Tiefgründigkeit und umfassender Sachkenntnis zeugt, geht von der Glaubensnot unserer Tage aus und nennt die verschiedenen Meinungen, die heute über den Satan und die Dämonen vertreten werden. So „sind manche der Ansicht, daß jedwede Stellungnahme unmöglich sei, geradeso, als ob man die Frage einfach auf sich beruhen lassen könne. Sie führen ins Feld, daß die Bücher der Heiligen Schrift es nicht zuließen, sich für oder gegen die Existenz des Satans und seiner Dämonen auszusprechen. Weit häufiger jedoch wird die Existenz des Teufels offen in Zweifel gezogen. Manche Kritiker meinen, die Haltung Christi in dieser Frage ausmachen zu können. Sie geben an, daß keines der Herrenworte die Wirklichkeit der Dämonenwelt als erwiesen hinstelle. Dort, wo die Existenz der Dämonenwelt bejaht würde, werde lediglich das entsprechende jüdische Schrifttum wiedergegeben, oder die Stellen hingen von der neutestamentlichen Überlieferung und nicht von Christus ab, da sie nicht Teil der zentralen Frohbotschaft seien, noch unseren Glauben fördern und uns damit freistellen, sie aufzugeben.

Andere wiederum, weit objektiver, aber gleichzeitig radikaler, nehmen die Aussagen der Heiligen Schrift über die Dämonen in ihrer wörtlichen Bedeutung; sie fügen aber sofort hinzu, daß sie in der Welt von heute unannehmbar seien, auch für die Christen. Auch sie geben diese Stellen auf. Für einige schließlich hat die Idee vom Satan, welchen Ursprung sie auch immer hat, keine Bedeutung mehr ... Für die einen wie für die anderen seien die Namen Satan oder Teufel nichts anderes als Personifikationen, die dem Mythos entstammen oder irgendeine Aufgabe zu erfüllen haben. Sie hätten nur den Sinn, den Einfluß des Bösen und der Sünde auf die Menschheit dramatisch zu unterstreichen. Lediglich also eine Redeweise, die unsere Zeit entmythologisieren sollte, um für die Gläubigen einen neuen Weg zu finden, ihnen die Verpflichtung einzuschärfen, mit ganzer Kraft gegen das Böse in der Welt zu kämpfen.

Diese Stellungnahmen, die immer wieder mit dem Anschein der Wissenschaftlichkeit vorgetragen und von Zeitschriften und gewissen theologischen Wörterbüchern verbreitet werden, können die Geister nur verwirren."

Im folgenden untersucht die „Erklärung" die wirklichen Aussagen des Neuen Testaments und stellt zunächst fest, daß Jesus nicht einfach den Dämonenglaube seiner Zeitgenossen übernommen haben könne, weil eben nicht alle den gleichen Engel- und Dämonenglauben hatten. Die Sadduzäer glaubten z. B. im Gegensatz zu den Pharisäern weder an eine Auferstehung, noch an Engel oder Geister. „Wie kann man daher behaupten, Jesus und mit ihm die Schriftsteller des Neuen Testamentes hätten in der Ausübung und Übertragung der Gewalt der Teufelsaustreibung an andere nichts weiter getan als kritiklos die Ideen und Praktiken ihrer Zeit anzuwenden? Sicherlich, Christus und noch mehr die Apostel waren Kinder ihrer Zeit und machten sich deren Kultur zu eigen. Doch hat Jesus Christus auf Grund seiner göttlichen Natur und der Offenbarung, die mitzuteilen er gekommen war, seine Umwelt und seine Zeit überragt und sich von ihrem bestimmenden Einfluß freigemacht. Es genügt übrigens, die Bergpredigt zu lesen, um sich von seiner geistigen Freiheit und von seiner Überlieferungstreue zu überzeugen ... Als die Pharisäer ihn anklagten, die Dämonen zusammen mit dem Anführer der bösen Geister auszutreiben, hätte er sich ihren Unterstellungen entziehen können, indem er sich den Sadduzäern anschloß. Doch dadurch hätte er sein Wesen und seine Sendung geleugnet. Er mußte also, ohne den Glauben an die Geisterwelt und die Auferstehung aufzugeben, den er mit den Pharisäern gemeinsam hatte, sich von ihnen lossagen und sich in nicht geringerem Maße auch den Sadduzäern widersetzen. Wenn man also heute behaupten will, daß die Aussagen Jesu über den Satan nur einer seiner kulturellen Umwelt entlehnten Lehre Ausdruck gäben, erscheint dies von vornherein als eine Auffassung, die sehr wenig über die damalige Zeit und die Persönlichkeit des Meisters informiert ist ... Auch die wichtigsten Heilungen der Besessenen wurden von Christus in Augenblicken gewirkt, die in den Berichten über seine Heilstätigkeit entscheidend sind ... Ohne den Satan jemals zum Mittelpunkt seiner Verkündigung zu machen, sprach Jesus von ihm nur in den offensichtlich entscheidenden Augenblicken, und zwar in wichtigen Erklärungen ... Die Aussagen fügen sich gut in das Ganze ein, sie wiederholen sich immer wieder und stimmen auch inhaltlich überein; sie sind nicht zufällig, und es ist nicht möglich, sie wie erfundene Begebenheiten zu behandeln, die es zu entmythologisieren gilt ... Der Satan, dem Jesus mit seinen Teufelsaustreibungen entgegengetreten ist, dem er begegnet ist in der Wüste und in der Stunde seines Leidens, kann nicht einfach das Produkt der menschlichen Gabe sein, Märchen erzählen zu können und Ideen zu personifizieren ..."

In den Schriften des hl. Paulus wird zwischen Sünde und Satan klar unterschieden. „In der Sünde sieht Paulus nämlich vor allem das, was sie wesentlich ist: ein personaler Akt des Menschen und auch der Zustand der Schuld und Verblendung, in den der Satan den Menschen effektiv zu stoßen und darin zu belassen versucht (Eph 2,1–2; 2 Thess 2,11; 2 Kor 4,4) ... Der Apostel ... fordert, dem Satan zu widerstehen (Eph 6,11–16), sich nicht von ihm beherrschen zu lassen; ihm keine Gelegenheit oder Nachgiebigkeit einzuräumen (Eph 4,27; 1 Kor 7,5) und ihn mit Füßen zu treten (Röm 16,20). Denn für ihn ist Satan ein persönliches Wesen, ‚der Gott dieser Welt' (2 Kor 4,4), ein hinterlistiger Widersacher, der verschieden ist von uns Menschen und von der Sünde, die er uns einflüstert. Wie das Evangelium, sieht ihn auch der Apostel wirksam werden im geschichtlichen Verlauf der Welt, in dem, was er als das ‚Geheimnis der Bosheit' bezeichnet (2 Thess 2,7) ... und schließlich in dem endzeitlichen Abfall, der zur Anbetung des Menschen führt, der sich an die Stelle Gottes setzt (2 Thess 2,3–4, 9–11). Sicher ist, daß der Satan zur Sünde verführt, aber er ist verschieden von dem Bösen, das er vollbringen läßt."

Dieselbe Lehre enthält auch die geheime Offenbarung und das Johannesevangelium, wo der Teufel niemals eine Personifizierung der Sünde oder der Versuchung ist.

Nach dem kurzen Überblick über die Lehre der Kirchenväter wendet sich die „Erklärung" dem 4. Lateranenkonzil (1215) zu, das die wichtigste dogmatische Lehrentscheidung über die Dämonen im Laufe der Kirchengeschichte verkündet hat. Diese dogmatische Aussage lautet: „Wir glauben fest und bekennen mit aufrichtigem Herzen . . ., daß Gott der eine Ursprung aller Dinge ist, der Schöpfer der sichtbaren und unsichtbaren, der geistigen und körperlichen Wesen. Er hat in seiner allmächtigen Kraft zu Anfang der Zeit in gleicher Weise beide Ordnungen der Schöpfung aus dem Nichts geschaffen, die geistige und körperliche, das heißt die Engelwelt, die irdische Welt und dann die Menschenwelt, die gewissermaßen beide umfaßt, da sie aus Geist und Körper besteht. Denn der Teufel und die anderen bösen Geister sind von Gott ihrer Natur nach gut geschaffen, aber sie sind durch sich selbst schlecht geworden. Der Mensch jedoch sündigte auf Eingebung des Teufels."

Nachdem dieser Text gründlich interpretiert und die Vorgeschichte der Lehraussage, ihr zeitgeschichtlicher Hintergrund und ihre dogmatische Bedeutung aufgezeigt worden ist, wird die Lehre der Päpste und der Konzilien kurz erwähnt.

„Auch das II. Vatikanische Konzil, das sich mehr für die Gegenwart der Kirche als für die Lehre der Schöpfung interessierte, hat es nicht unterlassen, zur Wachsamkeit gegenüber dem Wirken Satans und der Dämonen aufzurufen. Wie die Konzilien von Florenz und Trient hat es mit dem Apostel daran erinnert, daß Christus uns ‚aus der Macht der Finsternis befreit'. Indem die Konstitution Gaudium et spes nach der Art des hl. Paulus und der Apokalypse die Heilige Schrift zusammenfaßt, sagt sie, daß unsere Geschichte, die Gesamtgeschichte, ‚ein harter Kampf ist gegen die Mächte der Finsternis, ein Kampf, der schon am Anfang der Welt begann und, nach dem Wort des Herrn, bis zum letzten Tag andauern wird'. An anderer Stelle wiederholt das II. Vatikanische Konzil die Ermahnungen des Epheserbriefes, ‚die Waffenrüstung Gottes anzulegen, um den Ränken des Teufels widerstehen zu können'.

Denn wir müssen, wie dieselbe Konstitution die Laien erinnert, ‚kämpfen gegen die finsteren Weltherrscher und die bösen Geister'. Es überrascht schließlich auch nicht, daß dasselbe Konzil, wo es die Kirche als das bereits begonnene Reich Gottes darzustellen beabsichtigt, auf die Wunder Jesu hinweist und zu diesem Zweck gerade die Exorzismen anführt. Es war genau in diesem Zusammenhang, daß Jesus das bekannte Wort gesprochen hat: ‚So ist also das Reich Gottes zu euch gekommen.'" –

Im Anschluß daran zeigt die „Erklärung", daß die Liturgie als „der konkrete Ausdruck des gelebten Glaubens" Zeugnis ablegt vom Wirken der Dämonen, indem sie auf die Gefahren hinweist, die uns von ihnen drohen und uns im Kampf gegen sie hilft. Wenn auch durch die neue Liturgiereform „das besondere Amt des Exorzisten in unseren Tagen noch nicht völlig abgeschafft ist, so ist es doch auf einen gelegentlichen Dienst reduziert und kann de facto

nur noch mit Erlaubnis der Bischöfe ausgeübt werden, ohne daß ein besonderer Ritus für dessen Vollzug vorgesehen ist. Eine solche Regelung bedeutet natürlich nicht, daß der Priester nicht mehr die Macht zur Ausübung des Exorzismus hat, noch daß er ihn nicht mehr vollziehen darf. Dennoch verpflichtet uns dies, festzustellen, daß die Kirche dadurch, daß sie diesem Amt keine spezifische Handlungsweise mehr zuteilt, den Exorzismen nicht mehr die Bedeutung zuerkennt, die sie in den ersten Jahrhunderten gehabt haben. Diese Entwicklung verdient durchaus in Erwägung gezogen zu werden."
Für diejenigen, die in der Liturgiereform noch andere schwache Stellen meinen beklagen zu müssen, bleibt ein zweifacher Trost: Liturgische Reformen sind nicht ewig und nach dem II. Vatikanischen Konzil schneller möglich als früher, weil der reformatorische Grundsatz „Ecclesia semper reformanda", den die Katholische Kirche auf diesem Konzil übernommen hat, immer und allezeit (semper) ermöglicht, Fehler und Fehlentwicklungen zu beseitigen. Jedenfalls wird die geschichtliche Entwicklung in der Kirche und in der Welt dazu beitragen, daß der Glaube an die Macht Satans und der Dämonen wie auch die Einsicht in Bedeutung und Notwendigkeit der Exorzismen in der Kirche nicht schwächer, sondern stärker werden wird. Es ist übrigens „falsch zu behaupten, daß die Exorzismen vom neuen Taufrituale abgeschafft worden seien. Der Irrtum ist so offenkundig, da das neue Ritual für das Katechumenat vor den gewöhnlichen, sog. ‚größeren' Exorzismen sogar noch ‚kleinere' Exorzismen eingefügt hat, die über die ganze Dauer des Katechumenates verteilt sind und in der Vergangenheit unbekannt

waren. Die Exorzismen bleiben also erhalten. Heute wie gestern bitten sie um den Sieg über ‚Satan', ‚den Teufel', ‚den Fürsten dieser Welt' und die ‚Mächte der Finsternis' ... Die Feier der Kindertaufe bewahrt ebenfalls, was auch immer man darüber sagt, einen Exorzismus, was nicht bedeutet, daß die Kirche diese Kinder als vom Satan besessen betrachtet; doch glaubt sie, daß auch sie aller Wirkungen der Erlösung Christi bedürfen. Vor der Taufe trägt nämlich jeder Mensch, das Kind wie der Erwachsene, das Zeichen der Sünde und der Einwirkungen Satans." Auch bei der Spendung der übrigen Sakramente wird der Glaube an das Geheimnis des Bösen in keiner Weise verleugnet.

Der Schlußteil der Erklärung bekräftigt nocheinmal die klare und feste Lehre der Kirche über die dämonischen Mächte, die im Laufe der Jahrhunderte nie in Frage gestellt worden war, weshalb es bisher für die Kirche noch nicht notwendig gewesen ist, die Existenz Satans und der Dämonen von seiten des Lehramtes dogmatisch zu definieren. Der Glaube an das Wirken des Teufels und der bösen Geister geht auf Jesus Christus zurück und ist untrennbar mit dem Geheimnis der Erlösung verbunden. Es folgt schließlich die Feststellung Papst Pauls VI., daß derjenige, der die „furchtbare, geheimnisvolle und beängstigende Wirklichkeit" des Bösen, das eine lebendige, geistige Wesenheit ist, nicht anerkennt, „den Bereich der biblischen und kirchlichen Lehre verläßt; ebenso wer aus ihr ein in sich stehendes Prinzip macht, das nicht wie jegliche Kreatur von Gott seinen Ursprung hat, oder wer sie als eine Pseudo-Realität, als eine begriffliche und phantasievolle Personifizierung der unbekannten Ursachen unser Übel erklärt".

Roma locuta — causa finita? Keineswegs gilt dies für die Häretiker von heute. Prof. Haag schrieb in seinem Teufelsbuch (1974), ein Jahr vor der Veröffentlichung des römischen Dokuments, „daß der Teufelsglaube ein Anachronismus ist, und zwar nicht nur für den ‚aufgeklärten' Bürger des 20. Jahrhunderts, sondern gerade auch für den Christen" (S. 388).

Als Christ protestiere ich gegen diese verstiegene Anmaßung und weise sie mit der Behauptung zurück, daß die Leugnung Satans und der Dämonen in der Tat „einem Verrat am Neuen Testament gleichkommt", genauer gesagt, einem Verrat am Evangelium Jesu. Jeder Christ, der am Glauben der Kirche festhält, darf mit Recht fordern, daß diejenigen, die diesen Glauben verraten, die Kirche verlassen, zu der sie nicht mehr gehören, oder zum Glauben der Kirche zurückkehren. Wenn sie jedoch meinen, vor ihrem Gewissen die Rückkehr zum Glauben nicht mehr vollziehen zu können, sollten sie den Mut haben, die Konsequenz zu ziehen, die ein redlicher Mensch einfach ziehen muß: sie sollten Abschied von der Kirche nehmen.

Prof. Haag hat dies noch nicht getan, er hat sich aber auch von seiner Irrlehre noch nicht distanziert. Im Gegenteil. Auch *nach* der Erklärung der Glaubenskongregation ist er im Abseits geblieben, wie aus einem Vortrag hervorgeht, den er als Antwort auf die „Erklärung" im Westdeutschen Rundfunk gehalten hat. Danach findet es der Irrlehrer zunächst befremdlich, daß sich ein vatikanisches Dokument mit dem Teufel befaßt, das nicht einmal eine offizielle Verlautbarung des kirchlichen Lehramtes sei, sondern nur eine anonyme, von einem „Experten" verfaßte und von der Glaubenskongregation als „sichere Basis" empfohlene Studie. Wenn es freilich zuträfe, was sowohl Befürworter als auch Kritiker der römischen „Erklärung" vermuten, daß nämlich diese Form der Erklärung deswegen gewählt wurde, weil nicht alle römischen Prälaten oder Theologen bereit gewesen seien, ihren Namen unter dieses Dokument einer in progressistischer Sicht „fraglichen Glaubensverpflichtung" zu setzen, dann wäre dies freilich noch kein Beweis für die Nichtexistenz der dämonischen Mächte, wohl aber der sicherste Beweis dafür, daß der Satan und einige seiner „Theologen" auch im Vatikan sitzen und sogar in der Glaubenskongregation ihren destruktiven Einfluß ausüben. (Satan ist ja schon im Neuen Testament als Geist der Spaltung am Werk). Wenn es ferner wahr ist, daß der Präfekt dieser Kongregation in den letzten Jahren schon mehrmals um die Entlassung aus seiner Verantwortung gebeten habe, weil er mit dem Arbeitsstil dieser Kongregation nicht mehr einverstanden sei, so wäre dies eine mögliche Bestätigung unserer These. Jedenfalls ist Prof. Haag nach wie vor der Meinung, daß sich der Teufelsglaube nicht aus der Heiligen Schrift erheben läßt und er fragt deshalb, worin dann eigentlich seine Heilsnotwendigkeit bestehen soll und was der Christ, der an Teufel und Dämonen glaubt, dem voraus habe, der „nur" an Gott und Jesus Christus glaubt? „Das eigentlich Befremdliche an dem jüngsten vatikanischen Dokument über die Dämonenlehre", so schloß Haag wörtlich seinen Vortrag, sei allerdings „nicht

seine Anonymität, nicht seine wissenschaftliche Unzulänglichkeit, nicht einmal seine Unfähigkeit, auf andere Positionen zu hören und sich mit deren Argumenten auseinanderzusetzen“, sondern vielmehr die Tatsache, daß es „in der heutigen Stunde, in der namenlosen Not der Kirche“ überhaupt geschrieben und veröffentlicht wurde. In unserer Zeit, „die von weltweiten wirtschaftlichen, politischen und religiösen Problemen geschüttelt wird; wo der Mensch um seine existentielle Grundlage bangt; wo viele Gläubige sich resigniert von der Kirche zurückziehen, weil sie dort doch keine Lösung für ihre Fragen zu finden glauben; wo Altes zerbrochen und Neues noch nicht sichtbar ist; in einer Zeit, wo der Mensch, Christ oder nicht, nach einer Lebenshilfe schreit — da weiß dieses römische Dokument nichts Wichtigeres zu tun, als die Menschen zu ermahnen, nicht etwa fester an Gott zu glauben und auf ihn zu vertrauen, sondern fester an den Teufel zu glauben. Es weiß nichts anderes zu tun, als die alte, herkömmliche und im Grund heidnische Lehre von Teufeln und Dämonen in aller Breite und behäbiger Gewichtigkeit wieder aufzulegen, ohne Verständnis für die Glaubensnot und das Desinteresse vieler Gläubigen, allein darauf bedacht, daß nur kein Jota von einem vermeintlichen Glaubensgut, das ohnehin nur noch ein kleiner Teil der Gläubigen akzeptiert, verloren gehe.
Statt Ballast abzuwerfen, hegt und pflegt man alte Lasten, statt zu heilen und zu helfen, rückt man Randerscheinungen in die Mitte, statt den Menschen für einen echten Gottesglauben frei zu machen, bindet man ihn an unnötige und hinderliche Fesseln.“[14]
Mit dieser Stellungnahme hat sich der „Alttesta-

mentler" nicht nur als blinder Irrlehrer, sondern auch als blendender Demagoge entlarvt. Die ungeheuerliche Unterstellung, daß „dieses römische Dokument nichts Wichtigeres zu tun weiß, als die Menschen zu ermahnen, nicht etwa fester an Gott zu glauben und auf ihn zu vertrauen, sondern fester an den Teufel zu glauben", ist in der Tat nichts anderes als raffinierte Demagogie, die im Namen der Wahrheit mit aller Schärfe zurückgewiesen werden muß. Wer das Dokument aufmerksam und unvoreingenommen liest, wird kein einziges Wort finden, das eine derartige Unterstellung rechtfertigen würde. Und daß die römische Erklärung nicht dem Menschen in seiner Glaubensnot helfen wolle, ist ebenso falsch. Das Gegenteil ist der Fall. Freilich wird hier der wirklichen Glaubensnot nicht mit einer „historisch-kritischen Methode" begegnet, die den wahren Glauben aus der Schrift herausentmythologisiert, sondern mit der Hermeneutik (Verstehenslehre) des Heiligen Geistes, der das Lehramt der Kirche und die Kirche als Ganzes in alle Wahrheit einführt und sie vor verderblichem Irrtum bewahrt. Wer die Wahrheit – gelegen oder ungelegen – kompromißlos verkündet, dient damit immer auch dem Menschen und seiner Freiheit. Wer dagegen die Unwahrheit propagiert, führt die Menschen in die Unfreiheit und vermehrt nur noch die „namenlose Not der Kirche" und die „weltweiten... Probleme", unter denen die Menschheit zu leiden hat. Eine letzte Frage bleibt aber: Wie lange wird das gläubige Volk es noch hinnehmen, daß theologische Irrlehrer – wie H. Haag und seine Gesinnungsgenossen – im Namen der Kirche die Lehre der Kirche verfälschen dürfen? –

## 3. Das Selbstzeugnis der Dämonen

Wenn immer jemand den Versuch unternimmt, im Namen irgendeiner „Wissenschaft“ unbestreitbare Tatsachen leugnen oder zerreden zu wollen, gerät er zwangsläufig ins Abseits, verspielt seine Autorität, macht sich bei den Wissenden lächerlich und zieht sich schließlich nicht zu unrecht harte Kritik zu. Das gilt auch von jenen „Autoritäten“, die sich unter dem Schein der „Wissenschaftlichkeit“ krampfhaft bemühen, das Phänomen der dämonischen Besessenheit zu leugnen oder ins Irreale umzudeuten. So hat ein hervorragender Kenner der modernen satanistischen Esoterik in einer Schrift über den Satanismus innerhalb der Freimaurerei den auf diesem Gebiet meist ahnungslosen Theologen und Klerikern folgende Sätze ins Stammbuch geschrieben: „Da wälzt man die Heilige Schrift, um den Teufel zu beweisen oder zu leugnen. Da wälzt man Bücher über Parapsychologie, Faktor Psi, Telekinese, Tiefenpsychologie und weiß Gott was, um den lästigen Teufel endlich ganz loszuwerden, und übersieht dabei das Kleine, das Naheliegendste. Ich meine das Zeugnis jener Männer, die den Teufel und seine Komplizen schon oft weit gesprächiger und zerknirschter vor sich hatten als die Richter eines Schwurgerichts ihre armen Sünder: die *Exorzisten*. Auf ihr Zeugnis verzichten heißt den Hochmut auf die Spitze treiben, heißt das eigene Vorurteil über das Urteil von Augenzeugen stellen ... Wer ohne Herumreden um klare Fakten an Disziplinen wie Satanologie und Dämonologie herantritt, wo, wie in jeder echten Wissenschaft, nur die Fakten gelten, braucht nicht an die Existenz Satans zu *glauben* oder darüber zu spekulieren, er *weiß* um sie. Wenn man vom Exorzismus und von exorzistischer Erfahrung spricht, wird man vor allem die beiden Bücher von P. Adolf Rodewyk nennen müssen.

Der voreilige ‚Abschied vom Teufel', mit dem ein dämonologisch ahnungsloser Theologe sich blamieren zu müssen glaubte, wurde außerdem allein schon durch den Tatsachenbericht ‚Die Macht Mariens über die Dämonen' von P. Benedikt Stolz OSB ad adsurdum geführt. Natürlich sind Exorzistenberichte nicht die einzigen modernen Erkenntnisquellen der Dämonologie. Wer sich in dieser Wissenschaft besonders gründlich informieren will, braucht nur den Versuch zu machen, einen Blick in die ‚Esoterik' des modernen Satanismus zu werfen und sich gewissermaßen bei den ‚Fachleuten' des Satanismus umzusehen. Von deren Existenz, Literatur, Wirksamkeit und weltbeherrschendem Treiben haben Dilettanten vom Schlage eines Herbert Haag wohl kaum einen Schimmer, sonst würden sie ihre ‚theologischen Meditationen' über den Teufel schleunigst aus dem Verkehr ziehen ...

Der moderne Mensch wird seinem vielgerühmten Realismus immer dann rasch untreu, wenn ihm Phänomene begegnen, die nicht in sein Weltbild, sprich Weltvorurteil, passen."[15]

Zu diesen Phänomenen gehört heute zweifellos und trotz des weltweiten Rummels um den Film „Der Exorzist" die Tatsache der dämonischen Besessenheit, d. h. das Offenbarwerden von Dämonen in Menschen, die als „besessen" gelten. Bei den Besessenen ist „das Zentrum der Persönlichkeit, das

Ich als bewußt wollendes und handelndes, von fremden Mächten lahmgelegt, die den Menschen verderben wollen und ihn gelegentlich bis zur Selbstzerstörung treiben (Mk 5,5). Das Ich ist so lahmgelegt, daß die Geister als Subjekt des Redens erscheinen".[16] Diese Art von dämonischer Selbstoffenbarung mag vielleicht überraschen, wenn man annimmt, daß der Teufel und die bösen Geister am liebsten unbekannt und unerkannt bleiben und ihre gott- und menschenfeindlichen Aktivitäten möglichst geheim und unauffällig betreiben wollen. Nach dem Satanisten Ch. Baudelaire soll die größte List Satans gerade darin bestehen, die Menschen glauben zu machen, daß es ihn gar nicht gebe. Andererseits aber will der Teufel von den Menschen auch kultische Verehrung bis zur Anbetung, wie die Versuchung Jesu und die Geschichte des Satanismus bis in unsere Gegenwart herein zeigt. Jedenfalls ist im göttlichen Heilsplan das häufige Auftreten von Besessenheit in der „Fülle der Zeit" ebensowenig zufällig wie die für die letzten Zeiten angekündigte ungeheuere Machtentfaltung der Dämonen. Mit dem Auftreten des Christus beginnt die Entmachtung Satans, dessen Herrschaft durch den wiederkommenden Herrn endgültig gebrochen werden wird. Gegenwart und Sieg des Gottesreiches werden schon jetzt in den Dämonenaustreibungen offenkundig. Wenn heute gewisse Theologen die Existenz dämonischer Wesen leugnen und viele blinde Zeitgenossen nicht mehr an dämonische Besessenheit und Satanismus glauben, so ist das ein gewaltiger Erfolg der endzeitlichen Satansherrschaft. Der „Vater der Lüge" versteht es glänzend, sich sowohl zu verleugnen, als auch kultische Verehrung erweisen zu lassen und trotzdem „unglaubwürdig“ zu bleiben. Denn diejenigen, die nicht mehr an seine Existenz glauben, werden alles aufbieten, um reale Phänomene wie Besessenheit und Satanismus entsprechend umzudeuten, oder wie man heute sagt: neu zu interpretieren. So betrachtet etwa H. Haag jede Form des Satanischen als „Protest gegen eine verwaltete und technische Welt . . . , die für ursprüngliche Erfahrungen kaum noch Möglichkeiten bietet“. Dabei liegt es selbstverständlich nahe, „in einer durch christliche Traditionen geprägten Gesellschaft gerade gegen diese prägenden Faktoren zu rebellieren und sie durch Pervertierung außer Kraft zu setzen“. Schließlich bemüht er noch S. Freud, wenn er meint, man könne diese Pervertierung „als einen Abwehrmechanismus, der in der Verkehrung ins Gegenteil besteht, beschreiben, wobei der ödipale Haß in Liebe, also die negative Vater-Imago ins Gegenteil umschlägt“ (S. 501).

Mit etwas mehr Phantasie hätte man wahrscheinlich noch einige Erklärungen mehr anführen können, um satanische Realitäten aus unserer Welt hinauszuinterpretieren. Doch hätte auch dadurch der Eindruck nicht verwischt werden können, daß der Verfasser von „Teufelsglaube“ und seine Mitarbeiter mit dem Kapitel „Satanismus“, dem nicht ganz 12 Seiten ihres Buches gewidmet sind, schlechthin überfordert waren. Erst recht muß das auch von ihren Ausführungen über das Thema Besessenheit gesagt werden, wenngleich sich diese auf 50 Seiten erstrecken, was vielleicht darauf zurückzuführen ist, daß die Leugnung und Umdeutung dieser Phänomene den Verfassern etwas mehr Mühe abverlangte und dementsprechend auch mehr Raum in Anspruch nahm. Dennoch gehen die Fehldeutungen dieses Kapitels und ihre oft abwegigen und oberflächlichen Begründungen so weit an der Wirklichkeit vorbei, daß es nicht schwer ist, sie zu widerlegen. Allein die Fakten von Illfurt (1865—1869) genügen schon, um gewisse „wissenschaftliche“ Phantasiekonstruktionen wie Seifenblasen platzen zu lassen.

Zuvor sollen aber noch die wesentlichen Aussagen des Neuen Testaments über die dämonische Besessenheit in Erinnerung gerufen werden. Von der eigentlichen Besessenheit als einem abnormen und dauernden Zustand sprechen erstmals die synoptischen Evangelien (Mt, Mk, Lk). Dabei werden sowohl in den summarischen Berichten (Mk 1,32; Lk 6,18), als auch in den konkreten Einzelschilderungen (Mk 1,23 ff; 5,2 ff) die Besessenen von den Kranken stets deutlich unterschieden.

Bei allen Besessenen zeigen sich schwerste körperliche und seelische Störungen. Manche werden durch den Dämon stumm (Mt 9,32; Lk 11,14), taubstumm (Mk 9,25) oder stumm und blind gemacht (Mt 12,22). Andere erleiden Tobsuchtsanfälle und Krampfzustände (Mk 1,26; 9,18 ff; Lk 4,35) oder sind mondsüchtig (Mt 17,15). Jesus unterscheidet stets sorgfältig zwischen Krankheit und Besessenheit und dementsprechend auch zwischen der Vollmacht, Kranke zu heilen und Dämonen auszutreiben (Lk 13,32). Nicht jede Krankheit wird im Neuen Testament auf den Einfluß böser Geister zurückgeführt. Alle Krankheiten aber sind insofern Werke des Teufels, als sie charakteristisch sind für „diese

Welt", deren Fürst der Satan ist. In diesem Sinne sagte Jesus von der Frau, „die schon achtzehn Jahre einen Geist des Siechtums hatte" und gekrümmt war, daß sie „der Satan schon achtzehn Jahre gebunden hielt" (Lk 13,11.16; vgl. Apg 10,38).

Jesus Christus erwies seine messianische Sendung vornehmlich in der Austreibung der bösen Geister und verlieh die Vollmacht dazu den zwölf Aposteln (Mt 10,8), den 72 Jüngern (Lk 10,17 ff) und schließlich seiner Kirche als Zeichen seines Sieges über den Satan, den „Herrscher dieser Welt" (Mk 16,17; Apg 8,7; 16,16 ff). Daß Jesus Krankheit und Besessenheit nicht einfach identifiziert, sondern die Besessenheit als ein Phänomen eigener Art betrachtet, „geht aus dem Vergleich zwischen Krankenheilung und Exorzismus hervor, und zwar besonders klar dort, wo Kranke und Besessene gleiche Symptome aufweisen: man vergleiche etwa die Heilung eines Taubstummen (Mk 7,33 ff) mit dem Exorzismus am taubstummen Besessenen (Mk 9,25). Den Kranken steht der Herr als teilnahmsvoller, gütiger Arzt gegenüber; das gebietende Wort, die heilende Gebärde sind stets an sie selbst gerichtet. Ganz anders bei den Besessenen. Hier wendet sich Jesus gegen ein verborgenes, unheilstiftendes Wesen, das eindeutig als Urheber des pathologischen Verhaltens bezeichnet wird (Mk 9,18; Lk 13,16). Er stellt ihm Fragen (Mk 5,9) oder gebietet ihm Schweigen (Mk 1,25), bedroht es (Mk 1,25), wirft es hinaus (Mk 1,34 . . .), verbannt die zuweilen in Scharen in einem einzigen Besessenen hausenden Dämonen in eine Schweineherde (Mk 5,32). Von dem Besessenen hinwieder wird gesagt, daß er einen bösen, einen unreinen Geist hat (Mt 9,32), daß dieser in ihm wohnt (Lk 11,26) und sowohl das Verhalten als die Aussagen des Besessenen entscheidend bestimmt. Beim Nahen des Herrn befällt ihn eine oft bis zum Paroxysmus gesteigerte Furcht (Mk 1,32); er wirft sich zu Boden (Mk 5,6), fleht um Gnade, Aufschub, Schonung (Mt 8,29 — 31). Er behauptet, das übernatürliche Wesen des Herrn zu kennen (Mk 1,24.34; 3,12; 5,7); er wehrt sich, läßt an seinem Opfer noch einmal seine ganze ohnmächtige Wut aus (Mk 1,26; 9,26), muß aber auf das Machtgebot des Herrn, das zuweilen sogar in die Ferne wirkt (Mk 7,29) weichen, so groß die Zahl seiner Verbündeten auch sein mag. — Alle diese Aussagen machen es dem Exegeten, ja dem gewissenhaften Historiker unmöglich, die Realität der Besessenheit auch nur im geringsten in Frage zu stellen".[17]

Trotzdem wird dieser eindeutige bibeltheologische Befund heute von dem „Bibeltheologen" Haag nicht nur in Frage gestellt, sondern sogar geleugnet. Wie weit sich dabei der gelehrte Herr von der Wahrheit und Wirklichkeit der biblischen Texte entfernt und mit welchen künstlich zurechtgebastelten Erklärungen er die Tatsachen umzudeuten versucht, zeigen folgende Sätze seines Buches: „Jesu exorzistisches Wirken läßt sich nicht als Beweis dafür verwenden, daß der Teufel existiert und daß Jesus den Kampf mit ihm suchte. Die uns geläufige Verbindung der Dämonen mit Satan war für die Menschen seiner Zeit weder selbstverständlich, noch wurde sie von Jesus ausdrücklich hergestellt. Daher verwehrt das Evangelium es auch niemandem, nach natürlichen Erklärungen für jene Erscheinungen zu suchen, hinter denen man im Laufe der Zeit Satan selbst zu sehen begann.

Die Berichte von Jesu Dämonenaustreibungen sollen also keineswegs Jesus als den verkünden, der gegen die Mächte des Teufels kämpft. Es ist etwas anderes, das sie zur Sprache bringen:

1. Diese Erzählungen warnen davor, den Widerstand zu dramatisieren, der — oft unerwartet und unverständlich — unter den Menschen aufbricht, wenn sie von Jesu Gottesverkündigung getroffen werden (vgl. Mk 1,21 — 28). Die sofortige Zustimmung des heilsbedürftigen Menschen zu dem in Jesus ergehenden Heilsangebot Gottes ist offensichtlich nicht selbstverständlich. Dennoch ist dieser Widerstand gegen Jesu Wort nicht einfach etwas Satanisches, sondern die Folge einer bestimmten menschlichen Verfaßtheit.

2. Die Berichte von Jesu Exorzismen lassen beispielhaft erkennen, daß keine innerweltliche Macht — und wäre sie noch so zerstörerisch — in der Lage ist, dem Wohlwollen Gottes auf die Dauer Widerstand zu leisten. Die Erzählungen von Jesu Dämonenaustreibungen wollen also diejenigen ermutigen, die daran glauben, daß Gott unser Heil wirkt, und aus diesem Glauben zu leben versuchen.

3. Unter den Berichten von Jesu Dämonenaustreibungen kommt dem sogenannten Beelzebulstreit (Mk 3,22 — 30) eine besondere Bedeutung zu. Er zeigt nämlich, wie sehr jene, die bislang im Namen Gottes für das Heil der Menschen wirkten, in Gefahr sind, das Heilswirken anderer zu verteufeln, sobald diese nicht mehr zum eigenen Kreis, zur

eigenen Glaubensgemeinschaft gehören. Alle derartigen Verdächtigungen, die das Gute bei den Gegnern nicht gelten lassen wollen, übersehen jedoch, daß Gott das Heil eines jeden Menschen will. Daher kann keiner zum Widersacher Gottes werden und in Teufels Namen wirken, wenn er Menschen Gutes tut, die bis dahin zu leiden hatten" (S. 386 f).

Nach dieser lächerlichen „Aufklärung" braucht der Vollständigkeit halber nur noch nach der „Neuinterpretation" des Phänomens „Besessenheit" gefragt zu werden. Nach H. Haag ist Besessenheit „eine ‚geschichtliche' Krankheit, wie auch ihre primäre Ausdrucksform, die Hysterie, als zeitbedingte Konfliktreaktion zu verstehen ist. Die Funktion des Exorzisten hat heute der Psychotherapeut übernommen" (S. 439). Nun wissen wir also, was von Dämonen und Besessenen zu halten ist. Die „moderne Theologie" — genauer gesagt: ein „moderner Theologe", der seinen Verstand bei Bultmann abgegeben hat — hat gesprochen. Aber die Sache ist damit noch nicht erledigt. Die Theorie der Bultmann- und Haag-Theologie ist nämlich von der Erfahrung widerlegt. Es gibt klassische Fälle von Besessenheit und Exorzismen in der Geschichte der Kirche — auch aus neuester Zeit —, die dieselben Merkmale aufweisen, wie die im Neuen Testament berichteten und ohne die Existenz dämonischer Geistwesen nicht zu erklären sind. Bevor das an einem klassischen Fall demonstriert werden soll, wollen wir uns in einem zusammenfassenden Überblick im Anschluß an W. C. van Dam[18] die Besessenheitsphänomene, die sich aus dem neutestamentlichen Befund ergeben, vergegenwärtigen.

Es sind:

1. Heftiges Widerstreben gegen alle göttlichen Einflüsse (Mk 1,24; 5,7; Mt 8,29; Lk 4,34; 8,28).

2. Eine auffallend starke Körperkraft (Mk 5,3 f; Apg 19,16).

3. Störungen in den organischen Funktionen (Mk 9,17.25; Mt 9,32 ff; 12,22 ff; Lk 11,14).

4. Das Sprechen eines anderen aus dem Besessenen (Mk 1,24.34; 3,11; 5,7.9 ff 12; Mt 8,29; Lk 4,34.41; 8,28; Apg 16,17; 19,15).

5. Selbstverwundungen (Mk 5,5) und Selbstmordversuche (Mk 9,22).

6. Ein unruhiges, aggressives Verhalten, eine wütende Erregung (Mk 1,23; 5,7; 9,18.20).

7. Ein geschärftes Wahrnehmungsvermögen, übernatürliche Kenntnisse, Wahrsagen (Mk 1,24.34; 3,11; 5,7; 9,20; Lk 4,41; Apg 16,17; 19,15).

8. Besondere Erscheinungen beim Ausfahren des Dämons (Krämpfe, Schreien, zu Boden fallen) (Mk 1,26; 5,13; 9,26; Lk 4,35.41; Apg 8,7).

9. Erschöpfung, aber völlige Genesung nach erfolgter Austreibung (Mk 5,15; 7,30; 9,26 ff; Apg 5,16).

Das Rituale Romanum (1952) nennt drei Kennzeichen, die Kriterien einer Besessenheit sein können („esse possunt"). Es sind folgende:

1. Mehrere Worte in einer unbekannten Sprache sprechen, oder solches Reden verstehen (Ignota lingua loqui pluribis verbis, vel loquentem intellegere).

2. Entferntes und Verborgenes enthüllen (Distantia et Occulta patefacere).

3. Kräfte, die über das Alter oder die Bedingungen der Natur hinausgehen (Vires supra aetatis seu conditionem naturam ostendere).

Nach dem Rituale Romanum von 1952 (Titulus 12, Kap. 1, Nr. 3) sind das mögliche Kennzeichen (Signa) einer dämonischen Besessenheit, keine unfehlbaren Besessenheitskriterien, wie H. Haag unsachlich unterstellt (S. 428).

Die genannten Kennzeichen, wie sie von W. C. van Dam und vom Rituale Romanum genannt werden, können wir ausnahmslos bei den besessenen Kindern von Illfurt feststellen, deren Geschichte nun so ausführlich dargelegt werden soll, als es notwendig ist, um die Irrtümer der Dämonenleugner überzeugend zu widerlegen.

P. Sutter[19] berichtet: In Illfurt, das 10 km südlich von Mühlhausen im Elsaß liegt und im Jahr 1860 rund 1200 Einwohner zählte, wurde am 21. August 1855 Theobald und am 29. April 1857 sein Bruder Josef Burner geboren. Die Kinder waren beide still, mittelmäßig begabt und von schwächlicher Konstitution. Vom achten Lebensjahr an besuchten sie die Volksschule. „Im Herbst 1864 wurden sie von einer merkwürdigen Krankheit befallen. Ein zuerst herbeigerufener Arzt aus Altkirch konnte sich die Krankheit ebensowenig erklären wie andere zu Rate gezogene Ärzte. Die von ihnen verschriebenen Arzneien hatten keinerlei Wirkung. Theobald wurde bald so mager, daß er nur mehr einem wandelnden Schatten glich.

Vom 25. September 1865 an zeigten sich an beiden Knaben ganz abnormale Erscheinungen. Auf dem Rücken liegend drehten sie sich mit unheimlicher Schnelligkeit wie ein Kreisel. Dann begannen sie mit wuchtiger Kraft die Bettstellen und andere Möbel zu bearbeiten, ohne die geringste Müdigkeit zu verspüren, auch wenn es noch so lange dauerte. Sie nannten das ‚dreschen'. Darauf wurden sie von Krämpfen und Zuckungen geschüttelt; dann bemächtigte sich ihrer eine solche Niedergeschlagenheit, daß sie stundenlang wie leblos dalagen.

Nicht selten wurden sie von einem wahren Wolfshunger befallen, den nichts zu stillen vermochte. Manchmal schwoll ihr Unterleib ganz unförmlich an und es schien den Kindern, als bewege sich etwas wie eine Kugel im Magen oder laufe auf und ab wie ein lebendes Wesen. Oft hielten sie die Beine gleich biegsamen Ruten fest zusammengewunden und kein Mensch vermochte sie zu trennen ...

Wenn die Kinder auf ihren Stühlen saßen, wurden sie mit diesen oft von unsichtbarer Hand in die Höhe gehoben; dann wurden die Knaben in eine Ecke geschleudert, während die Stühle in eine andere Ecke flogen ... Die schrecklichen Krämpfe und Mißhandlungen aller Art setzten den Knaben derart zu, daß sie das Bett hüten mußten und ihr Leib unförmlich anschwoll. Brachte man zufällig einen geweihten Gegenstand – Kreuz, Medaille oder Rosenkranz – in ihre Nähe, gerieten sie in heftige Wut. Sprachen die Anwesenden die heiligen Namen Jesus, Maria, Josef aus, zitterten und bebten beide ...

Oftmals lagen die Kinder stundenlang ruhig und teilnahmslos da. Plötzlich veränderte sich dann ihr

Wesen. Sie wurden aufgeregt und gestikulierten und schrien in einem fort. Ihre Stimme war jedoch nicht die eines Kindes, sondern eine rauhe, heisere Männerstimme. Dabei hatten die Kinder den Mund meist geschlossen; es war offenbar, daß nicht sie selbst, sondern andere unsichtbare Wesen aus ihnen redeten. Stundenlang konnten sie ununterbrochen rufen: ‚Nudeln, Knödel, Wasserschnitten!' Es war nicht zum Aushalten, und die Eltern wußten sich nicht mehr zu helfen . . .

Ganz auffällig war die Angst der Kinder vor geweihten Gegenständen, ihr heftiger Widerwille gegen Kirche, Gebet und Gottesdienst, ihre häufigen entsetzlichen Flüche und unflätigen Reden, die den Kindern vorher völlig fremd gewesen waren. Auch redeten und antworteten sie in den verschiedensten Sprachen; sie sprachen geläufig Französisch, Latein und Englisch und verstanden auch die verschiedenen französischen und spanischen Dialekte. Kein Wunder, daß immer mehr Leute die bedauernswerten Knaben sehen wollten. Die geistliche und weltliche Obrigkeit sah sich genötigt, sich mit ihrem Schicksal zu befassen und die Sache aufs gründlichste zu untersuchen."

Der damalige Ortspfarrer von Illfurt, Karl Brey, ein gottesfürchtiger und edler Priester, hatte bald erkannt, daß die merkwürdigen Erscheinungen auf dämonischem Einfluß beruhten und er war davon überzeugt, daß die beiden Kinder besessen waren. „Auf eine andere Weise konnte man diese Vorfälle vernünftigerweise nicht erklären. Er sandte deshalb einen ausführlichen Bericht an die bischöfliche Behörde, die eine Kommission von drei Geistlichen zur amtlichen Untersuchung nach Illfurt sandte und später die kirchliche Beschwörung vornehmen ließ." Außerdem waren der Bürgermeister von Schlettstadt, Herr Ignaz Spies und sein Freund, Verwaltungsinspektor Martinot, sowie Prof. Lachemann von St. Pilt nach Illfurt gekommen, um den Fall zu beobachten und gründlich zu prüfen.

„In jedem der beiden Knaben hausten wenigstens zwei höllische Geister. Sie verschwiegen ihre Namen, solange sie nur konnten ... Theobald war von den Teufeln Orobas und Ypes besessen ... Einer der Teufel, die in Josef hausten, nannte sich Solalethiel, den Namen des anderen gelang es nicht in Erfahrung zu bringen ...

Ypes war mit Taubheit geschlagen; solange er Theobald beherrschte, war dieser vollständig des Gehörs beraubt und zwar so, daß er auf eine dicht neben dem Ohr abgeschossene Pistole gar nicht reagierte. Erst im Augenblick seiner Befreiung erhielt der Knabe das Gehör wieder."

Die Kinder unterhielten sich längere Zeit in fremden Sprachen. Eines Tages sprachen sie eine halbe Stunde lang in tadellosem Französisch, obwohl Josef noch kaum lesen konnte. Einmal unterhielten sie sich sogar den ganzen Tag in dieser Sprache.

Als einmal zwei Studenten, die bei den Marienbrüdern in Besancon studierten, während ihrer Osterferien nach Illfurt kamen, um die besessenen Kinder zu sehen, gingen sie „in das Haus Burner und blieben dort bis ein Uhr nachts. Sie waren ganz verwundert, die Kinder mit einer Männerstimme reden zu hören, ohne daß ihre Lippen sich bewegten. Sie stellten ihnen einige Fragen in baskischem Dialekt, der dem spanischen gleicht ... Die Knaben aber beantworteten alle ihre Fragen auf Französisch ... Einmal hielt der Teufel mitten in seinem Geschwätz inne und rief: ‚Still, jetzt haben wir ihn!' Man fragte ihn: ‚Wen denn?' — ‚Na, den jungen Mann, der im X-schen Lokale in Schlettstadt tanzt.' Dabei nannte er die Wirtschaft und die Straße. Plötzlich schrie er: ‚Aha, jetzt haben wir ihn! Jetzt ist er bei uns!' — Die sofortigen Nachforschungen in Schlettstadt ergaben tatsächlich, daß in jenem Wirtshaus und zur selben Stunde ein junger Mann mitten im Tanz vom Schlag gerührt und tot niedergefallen war ...

Der Höllengeist weiß genau, was sich in weiter Entfernung, ja selbst in den entlegendsten Ländern ereignet. Er kennt aber nicht minder die Weltgeschichte und offenbarte oft Dinge, die zeitlich weit zurücklagen und von denen die Anwesenden keinerlei Kenntnis hatten. Noch mehr, er sagte zuweilen Dinge auf Tage und Wochen voraus, die zum Erstaunen aller genau eintrafen ... Er weiß mehr, als Sterbliche nur ahnen.

Oftmals sagte er den Besuchern auf den Kopf zu, was sie Böses getan hatten. Er warf ihnen ihre geheimsten Sünden vor, so daß sie vorzogen, schleunigst wieder zu verschwinden ... Theobald verkündete mehrmals den Tod einer Person voraus. Zwei Stunden vor dem Ableben einer Frau Müller kniete er auf das Bett und machte die Gebärde des Läutens; ein andermal machte er eine volle Stunde lang dieselbe Gebärde. ‚Für wen läutest du?' fragte man ihn. — ‚Für Gregor Kunegel!' antwortete er. Zufällig war die Tochter dieses Mannes anwesend. Sie erschrak heftig und sagte zu Theobald: ‚Lügner, mein Vater ist nicht krank, er arbeitet ja zur Zeit am Neubau des Knabenseminars in Zillisheim als Maurer.' ‚Mag sein, aber er ist soeben abgestürzt. Geh und schau einmal nach!' Es war tatsächlich so. Der arme Mann war vom Gerüst abgestürzt und hatte sich das Genick gebrochen; es war im selben Augenblick, als Theobald läutete. Kein Mensch in Illfurt wußte etwas von dem Unglück ... Der Zustand der beiden Besessenen war ein fortwährendes Martyrium. Ihr bloßer Anblick flößte allen Besuchern größtes Mitleid und Entsetzen ein ... Für die guten Niederbronner Schwestern Severa und Methula war die Bewachung und Betreuung der Kinder eine überaus harte Aufgabe. Bald wurden die Fenstervorhänge von unsichtbaren Händen heruntergerissen und die fest verschlossenen Fenster sprangen mit unheimlicher Schnelligkeit von selbst auf; bald wurden Stühle, Tische und andere Möbel umgeworfen und im Zimmer von Geisterhand umhergeschleift; bald bebte das ganze Haus wie von einem gewaltigen Erdbeben ... Über vier Jahre mußten die armen Kinder in diesem schauderhaften Zustand verharren ... Einmal besuchte ein Offizier des in Mühlhausen liegenden afrikanischen Regimentes aus Neugierde die beiden Besessenen. Als diese seiner ansichtig wurden, machten sie ihm eine so genaue und eingehende Gewissenserforschung in bestem Französisch, daß der Offizier ganz kleinlaut die Flucht ergriff und sich gründlich bekehrte. Ebenso erging es einem Schulinspektor aus Mühlhausen und noch zwei anderen Herren, die der Vorwitz nach Illfurt getrieben hatte. Auch aus ihnen machte das teuflische Treiben in der Folge gute Christen."

Trotz der jahrelangen Belästigungen und der ungezählten Leiden, denen die bedauernswerten Kinder ausgesetzt waren, trotz aller schmutzigen und unaussprechlichen Bosheiten, die von den Geistern Satans ausgingen, muß festgehalten werden, daß durch die Offenbarung ihres dämonischen Wesens auch viel Gutes geschah. Zahllose Bekehrungen, die von den bösen Geistern sicher nicht gewollt waren, sind geschehen und viele Ungläubige wurden durch das Zeugnis der Dämonen wenn nicht bekehrt, so doch bloßgestellt oder lächerlich gemacht. Das war z. B. der Fall bei dem Gerichtsarzt Dr. Krafft. „Nachdem der Polizist Werner seinen ersten Bericht an die Unter-Präfektur in Mühlhausen geschickt hatte, sandte der Unter-Präfekt Dubois de Jancigny sofort den Gerichtsarzt Dr. Krafft nach Illfurt, um die Kinder gründlich zu untersuchen und seine Ansicht in einem Bericht darzulegen. Dr. Krafft war Protestant und ungläubig. Mit einer Miene voll Hohn und Spott näherte er sich den Kindern und ließ sich vom Bürgermeister den Ursprung des Übels und die verschiedenen Erscheinungen der Besessenheit erklären.

‚Ach was', sagte er hierauf, da gibt's weder Hexen noch Teufel, sondern das ist eine Krankheit, die wir Veitstanz nennen!' Die Anwesenden waren teils verwundert, teils empört über das leichtfertige Urteil.

‚Aber Herr Doktor', meinte einer, ‚Sie kommen doch erst eben an! Sie können doch kein Urteil fällen, bevor Sie die Vorkommnisse gesehen haben!'

‚Das stimmt', meinte der Sachverständige, ‚ich will also einen Anfall hervorrufen. Wir werden's gleich haben!'

Er zog eine goldene Uhr heraus, hielt sie Theobald vor die Augen und sprach zu ihm: ‚Schau, Kleiner, auf diesem Uhrdeckel ist das Bild eines Vogels eingraviert. Schau genau hin, und wenn du es findest, gehört die Uhr dir!' Der Knabe schaute wohl fünf Minuten lang auf den Uhrdeckel, ohne mit der Wimper zu zucken, fand aber den Vogel natürlich nicht, weil eben keiner drauf war, sondern nur verschnörkelte Figuren. Hierauf stellte er auch Josef auf die Probe, ebenfalls ohne Erfolg. Diese Probe sollte bei den Kindern einen Nervenanfall hervorrufen, der dann die Theorie des Arztes bestätigt hätte. Die Knaben waren aber durchaus ruhig geblieben und Dr. Krafft mußte zugeben, daß von einer Nervenkrankheit keine Rede sein könne. Da nahm ihn Herr Anton Zurbach, ein Gemeinderatsmitglied, auf die Seite und bat ihn, mit ihm auf den Hausflur hinauszugehen. Dort angekommen nahm er zwei Gläser und füllte sie mit frischem Wasser. Hierauf reichte er dem Arzt ein drittes, ebenfalls mit Wasser gefülltes Glas und bat ihn, mit der Fingerspitze einen Tropfen dieses letzteren Wassers in eines der beiden mit frischem Wasser gefüllte Gläser zu tun. Nachdem dies geschehen war, bot der Arzt den stets von Durst gequälten Knaben die beiden Gläser an. Jeder nahm mit großer Hast sein Glas. Theobald trank das seine in einem Zuge aus. Josef jedoch führte das seine nicht einmal an die Lippen, sondern warf es zu Boden mit den Worten: ‚O, diese Schweinerei!'

Dr. Krafft, aufs höchste verwirrt, kehrte auf den Hausflur zurück, um den Inhalt des dritten Glases zu untersuchen: ‚Ei' sagte er, ‚dieses Wasser hat doch keinerlei besonderen Geschmack!'

‚Und wenn auch', meinte mit Recht Herr Zurbach, ‚der Kleine hat ja das Glas nicht einmal zum Munde geführt'.

‚Ja, was ist denn das für Wasser?' fragte der Arzt. — ‚Es ist Weihwasser', antwortete der Gefragte. —

‚Davon verstehe ich nichts', erklärte der Arzt, sah auf die Uhr und sagte: ‚Ach, es ist Zeit zur Bahn!' Und fort war er. Das spöttische Lächeln war ihm vergangen ..."

Die Bischöfliche Behörde ordnete auf Veranlassung des Dekans von Altkirch, Kanonikus Lemaire, am 9. April 1869 eine kanonische Untersuchung des Falles an. „Am 13. April begaben sich die drei ernannten Kommissionsmitglieder: Kanonikus Stumpf. Regens des Priesterseminars in Straßburg, Apollinarius Freyberger, Dekan von Ensisheim, und Nikolaus Sester, Stadtpfarrer von Mühlhausen, nach Illfurt, um das Nötige zu veranlassen ... Nach der Protokollaufnahme, die sich auf Aussagen der Zeugen und auf eigene Beobachtungen stützte, reichte die Kommission ihren Bericht der bischöflichen Behörde ein, damit das weitere veranlaßt würde. Herr Superior Stumpf schlug vor, die Knaben nach Straßburg in eine klösterliche Anstalt zu bringen und dort den Exorzismus vorzunehmen. Herr Superior Spitz bot dazu das Waisenhaus in Schiltigheim an. Auf Wunsch des Herrn Generalvikar Marula wurde vorerst nur der Ältere ins Waisenhaus überführt, wo er fünf Wochen lang bis zu seiner Befreiung in der Pflege der Schwestern verblieb ..."

Unter den Zeugen, die von den Vorgängen in Illfurt auf Grund eingehender Beobachtungen ausführlicher berichtet haben, sind vor allem Professor Lachemann aus St. Pilt und der Polizeibeamte Werner von Illfurt zu nennen, der anfänglich noch ganz ungläubig war, im Laufe der Zeit jedoch ein vorbildlicher Christ wurde.

„Im November 1868 wurde Herr Werner benachrichtigt, daß wieder einmal eine größere Ansammlung von Leuten vor dem Hause Burner stattfände, um Zeugen der teuflischen Erscheinungen in den beiden Kindern zu sein. Herr Werner begab sich sofort dorthin und bemerkte bei den Kindern voll Erstaunen einen ungewöhnlich furchtsamen und blödsinnigen Ausdruck; sonst hatte er sie immer heiter, lebenslustig und geweckt gefunden ... Schon wollte Herr Werner wieder fortgehen, da bat ihn ein anwesender Herr, noch eine Weile zu bleiben, denn der Anfall beginne bald. So blieb er denn. Und richtig, nach einer Weile rief der Älteste: ‚Da ist er! Da ist er!'

Alsbald schwoll sein Leib unnatürlich auf; sein Atem wurde pfeifend, und seine Brust ging auf und ab wie ein Schmiedeblasebalg. Herr Werner stemmte sich mit aller Kraft gegen Brust und Bauch des Knaben, um den Bewegungen Einhalt zu tun. Ein anwesender Mann half ihm, bald noch ein dritter und ein vierter. Der Polizist überließ hierauf seinen Platz einem anwesenden Müller, der ungewöhnlich kräftig war. Alle vier Männer drückten mit solcher Gewalt auf den Leib des Besessenen, daß die Bettstelle krachte, jedoch ohne jeglichen Erfolg. Aus Furcht, es könnten dadurch innere Organe verletzt werden, bat sie Herr Werner, vom Knaben abzulassen. Dieser aber rief: ‚Ach was, ich spüre absolut nichts. Ihr könnt noch einige Männer zu Hilfe rufen, sie werden ebensowenig ausrichten.‘

Der Vater erzählte dann den Anwesenden, daß solche Erscheinungen bei den Knaben öfters vorkämen, daß er jedoch bald damit fertig werde. Er brauche sie nur mit Weihwasser zu besprengen, so sei bald alles vorüber. Auf Wunsch Werners besprengte er nun Theobald mit Weihwasser. Da stöhnte der Knabe, sein Leib schwoll langsam ab, der Anfall war zu Ende . . .“

Im Spätjahr 1869 sollten die gequälten Kinder und ihre Angehörigen von ihrem jahrelangen Martyrium endlich befreit werden. „Anfangs September 1869 wurde der älteste Knabe in das Waisenhaus St. Karl in Schiltigheim überführt. Seine unglückliche Mutter begleitete ihn. In der Anstalt fand auf Befehl des Hochwürdigsten Herrn Bischof durch Generalvikar Rapp, Superior Stumpf und Pater Eicher, Rektor der Straßburger Jesuiten, eine neue und gründliche Untersuchung statt. Außerdem wurde der Knabe vom Hausgeistlichen der Anstalt, Herrn Hauser, und dem Kaplan Schrantzer aufs genaueste beobachtet. Schon das Äußere des Knaben war auffallend. Er war sehr hager und bleich, wie ein Kind, das zu schnell gewachsen ist. In seinen großen schwarzen Augen lag etwas Unstetes und Unsicheres, seine Züge schienen ermüdet wie nach einer langen Krankheit ... Er unterhielt sich mit den Besuchern in tadellosem Französisch, antwortete auch in lateinischer Sprache, fing aber niemals in dieser Sprache zu reden an. Nur von der Kapelle wollte er nichts wissen. Mochte man ihm auch die Augen verbinden und ihn kreuz und quer durch die Gänge führen, sobald er in die Nähe der Kapelle kam, sträubte er sich mit aller Gewalt und war nicht mehr weiter zu bringen ... Brachte man ihn mit Gewalt hinein, dann ließ er sich hinfallen, wie ein Klotz ...

Am Samstag, dem 3. Oktober ... begannen die Zeremonien der Beschwörung. Pater Souquat, der vom Bischof mit dieser schwierigen Aufgabe betraut war, zögerte anfangs; er glaubte nicht recht an die Besessenheit, da er bisher mit dem Knaben kaum in Berührung gekommen war. ‚Pack dich los!' schrie der Teufel, ‚scher dich fort, du Dreckler!' In Gegenwart von fünf Geistlichen (Erzpriester Spitz, H. Stumpf, Regens des Priesterseminars, Professor Rossé, dem Anstaltsgeistlichen Hauser und Kaplan Schrantzer), sechs Schwestern und der Mutter des Knaben fing Pater Souquat mit der Allerheiligen-Litanei an. Bei den Worten: ‚Heilige Maria, bitte für uns!' schrie der Teufel fürchterlich: ‚Hinaus aus dem Saustall, Stinker! Ich will nicht!'

So rief er immer wieder, wenn der Name eines großen Heiligen genannt wurde, besonders als man betete: ‚Alle heiligen Engel und Erzengel, bittet für uns!' Als der Pater zur Anrufung kam: ‚Vor den Nachstellungen des Teufels, erlöse uns, o Herr!' bebte der Besessene und zitterte am ganzen Leibe, schrie entsetzlich und drehte und wand sich so heftig, daß man ihn kaum halten konnte.

Nach dem Beten der Litanei stand der Pater vor ihm und verrichtete die im Rituale vorgeschriebenen Gebete, während der Besessene immer schrie: ‚Stinker, hinaus aus dem Schweinestall!' Beim Gloria Patri rief er: ‚Ich will nicht!' d. h. dem Vater, Sohn und Heiligen Geist die Ehre geben. Vor der Lesung des Johannesevangeliums zeichnete der Pater das kleine Kreuz auf Stirne, Mund und Brust des Besessenen, der wie ein Hund heulte und nach der Hand des Paters schnappte, um ihn zu beißen. Da sagte P. Souquat auf Deutsch: ‚Du Geist der Finsternis, zertretene Schlange, als Priester des Herrn befehle ich dir im Namen Gottes: ‚Sage mir, wer du bist!' Der Teufel rief: ‚Das geht dich einen Dreck an, du Stinker, ich sage es wem ich will!' Darauf erwiderte der Pater: ‚Das ist eben deine stolze Haltung und Rede, die du vor dem allmächtigen Gott hieltest, als er dich aus dem Himmel schleuderte. Aber ich befehle dir: ‚Weiche von hier, Satan, aus dieser Kirche, du gehörst nicht in das Haus Gottes, du gehörst in die Finsternis der Hölle!' Da schrie der Teufel: ‚Ich will aber nicht, meine Zeit ist noch nicht da!'

Nach dreistündigem Gebet und von der Anstrengung ganz von Schweiß durchnäßt, hielt der Pater inne und entfernte sich, um ein andermal die Arbeit fortzusetzen. Theobald wurde aus der Kapelle gebracht und beruhigte sich alsbald ... Am folgenden Tag, nachmittags um 2 Uhr, kamen die Herren abermals aus der Stadt und der Pater begann aufs neue den Exorzismus. Diesmal wurde Theobald in eine Zwangsjacke gesteckt und auf einen roten Sessel gebunden. Der Teufel aber tobte ärger denn je. Er hob den Sessel mitsamt dem Knaben in die Höhe und schleuderte die wachhabenden Herren bald links, bald rechts. Dabei brüllte und schäumte er schrecklich.

Als nach ungefähr zwei Stunden Litanei und liturgische Gebete zu Ende waren, erhob sich der Pater und redete den Besessenen an: ‚Jetzt, unreiner Geist, ist deine Zeit da! Ich befehle dir im Namen der katholischen Kirche, im Namen Gottes und in meinem Namen als Priester des Herrn, daß du mir sagst, wie viel ihr seid!'" Die Teufel nannten ihre Namen nicht sogleich, später jedoch gaben sie sich unter den Namen Orobas und Ypes zu erkennen. Dem Befehl aber, in die Hölle zu fahren, folgten sie nicht. Der Priester führte zitternd und schwitzend den Kampf mit dem Kruzifix in der Hand fort. Aber die Teufel wichen nicht. „Schließlich nahm der Pater eine Muttergottesstatue zur Hand und sprach: ‚Siehst du da die heilige Jungfrau Maria? Diese muß dir den Kopf nochmals zertreten ... Also du willst nicht weichen! Ich habe es dir befohlen im Namen Jesu, im Namen der katholischen Kirche, im Namen des Heiligen Vaters, des Papstes, im Namen des Allerheiligsten Sakramentes. Du hörst nicht auf die Stimme des Priesters. Nun aber, Satan, befiehlt es dir die heilige Gottesmutter. Sie zwingt dich, von hier auszufahren. Also, unreiner Geist, weiche vor dem Angesichte der Unbefleckten Empfängnis. Sie befiehlt dir, zu weichen!' Unterdessen beteten alle das Gedenke. Da schrie der Teufel heftiger denn je mit tiefer Baßstimme: ‚Jetzt muß ich weichen!' Noch einmal drehte und wand er sich wie eine zertretene Schlange. Da hörte man im Körper Theobalds ein leises Krachen; der Knabe streckte sich und fiel wie tot hin. Der Teufel war ausgefahren. Es war ein fürchterlicher Anblick für die Zuschauer. Vor einem Augenblick noch die größte Wut, das zornerfüllte Gesicht, die trotzigen Antworten, und nun lag der Junge wohl eine Stunde da wie im Schlaf. Er war befreit. Er reagierte nicht mehr auf Weihwasser und Kruzifix und ließ sich ruhig in sein Zimmer tragen. Dort erwachte er nach einer Weile, rieb sich die Augen und sah verwundert auf die vielen ihm unbekannten Personen, die ihn umgaben ... Ein Freudenschrei entrang sich der Brust der überglücklichen Mutter. Ihr Theobald hörte wieder und war befreit vom höllischen Geist. Nun dankten alle Gott, der seiner heiligen Kirche solche Macht über die Hölle gegeben ..."

Am 27. Oktober 1869 wurde dann auch Josef befreit. Der Ortspfarrer von Illfurt, Karl Brey, nahm im Auftrag des Bischofs in der Friedhofskapelle Burnkirch den Exorzismus vor. „Um einen Volksauflauf zu vermeiden, hatte man die Sache verheimlicht. Nur wenige Zeugen waren geladen worden: Professor Lachemann, die Herren Spies und Martinot aus Schlettstadt, Bürgermeister Tresch und die Eltern Josefs. Auch der Lehrer war erschienen und der Stationsvorsteher von Illfurt, sowie Schwester Hilaria, die Vorsteherin der Mädchenschule.

Als um sechs Uhr die heilige Messe begann, fing der Besessene an, mit den Füßen zu lärmen und sich nach allen Seiten zu drehen, so daß man ihm Hände und Füße fesseln mußte ... Als der Priester die heiligen Gewänder abgelegt hatte, kniete er, nur mit Chorhemd und violetter Stola bekleidet, am Fuße des Altars nieder und begann die für den Exorzismus vorgeschriebenen Gebete: zuerst die Allerheiligen-Litanei und einige Beschwörungsformeln ... Während der Lesung des Johannesevangeliums fing der Besessene an, den Pfarrer mit Schimpfworten zu überhäufen und rief: ‚Ich gehe nicht fort!' Drei Stunden nacheinander bemühte sich der Exorzist um den Knaben ... Die Anwesenden fingen an, sich zu entmutigen. Doch der bereits todmüde Seelsorger ermunterte sie immer wieder, auszuhalten und den Rosenkranz zu beten ... Jetzt kam der Pfarrer vom Altar zurück, an dessen Stufen er eine Weile innig gebetet und eine Novene versprochen hatte. Zum Knaben gewendet sprach er: ‚Ich beschwöre dich im Namen der unbefleckten Jungfrau Maria, dieses Kind zu verlassen!' — Wütend antwortete der Teufel: ‚Warum muß jetzt dieser auch mit der großen Dame kommen! Jetzt muß ich fort!' — Auf diese Worte hin erfaßte eine unbeschreibliche Erregung alle Anwesenden, die nun überzeugt waren, daß die Stunde der Befreiung gekommen sei.

Nochmals wiederholte der Pfarrer dieselbe Beschwörung. ‚Ich muß fort', schrie der Teufel wiederum, ‚ich will in eine Schweineherde fahren!' — ‚In die Hölle!' rief der Pfarrer. Ein drittes Mal ertönte die Beschwörungsformel und wiederum bat der böse Geist: ‚Ich will in eine Gänseherde fahren!' — ‚In die Hölle!' lautete die Antwort. — ‚Ich kenne den Weg dorthin nicht, ich will in eine Schafherde fahren!' Und ein letztes Mal erscholl der kategorische Befehl: ‚In die Hölle!'

Mit dem Ruf: ‚Jetzt bin ich gezwungen, fortzuziehen!' streckte sich der Knabe, wand sich hin und her, blähte die Backen auf und machte eine letzte krampfhafte Bewegung. Darauf wurde er still und unbeweglich. Als man ihm die Fesseln abnahm, sanken die Arme herab und der Kopf fiel nach hinten. Nach einer Weile hob er die Arme und streckte sich wie einer, der vom Schlaf erwacht ... Alle Anwesenden waren erschüttert. Dankbaren Herzens beteten sie das Te Deum, die Muttergottes-Litanei, das Salve Regina und andere Gebete, die vielfach vom Schluchzen unterbrochen wurden ... Wie bewunderten alle, nah und fern, die Macht der Himmelskönigin, die auch hier wieder einmal den höllischen Drachen überwunden hatte!

In einem Garten gegenüber dem früheren Burnerschen Hause wurde kurz darauf eine schöne Statue der unbefleckten Empfängnis in vergoldetem Gußeisen auf hoher Steinsäule aufgestellt. Das Denkmal ist zehn Meter hoch und überragt alle umliegenden Gebäude. Auf dem Sockel steht in lateinischer Sprache die Inschrift:

> Zum ewigen Andenken
> an die Befreiung der zwei Besessenen
> Theobald und Josef Burner
> erlangt durch die Fürbitte Mariens,
> der unbefleckten Jungfrau,
> im Jahre 1869.

Herr Pfarrer Brey hatte es sich nicht nehmen lassen, diesen Beweis der Dankbarkeit gegen die Himmelskönigin zu errichten ... War es doch ganz auffallend, daß gerade die Unbefleckte Empfängnis sowohl in Schiltigheim als auch in Illfurt den höllischen Drachen überwunden und ihm den Kopf zertreten hatte."

Am 3. April 1871 starb Theobald, sein Bruder Josef bekam Arbeit in Zillisheim und starb dort im Jahre 1882 im Alter von 25 Jahren. Soweit der Tatsachenbericht von Illfurt.

Der Leser wird gespannt sein und fragen, was unser gelehrter Herr Professor Haag zu diesem auf den Aussagen und Protokollen von gewissenhaften und glaubwürdigen Zeugen beruhenden Bericht zu sagen hat. In seinem Buch „Teufelsglaube" ist von all dem, was ich hier geschildert habe, keine Silbe erwähnt. Die Tatsachen von Illfurt, die seine Thesen widerlegen, werden von Haag einfach totgeschwiegen. Nur an zwei Stellen seines Buches erwähnt er die Illfurter Kinder beiläufig, so in der Anmerkung 59 auf Seite 407, wo er schreibt, daß die Kinder vier Jahre lang (1865 bis 1869) besessen waren, nachdem ihnen eine schlecht beleumundete Frau einen Apfel zu essen gegeben hatte." Sehr „geistreich" fügt der gelehrte Herr dann sofort den Kommentar an: „Die Entlehnung des Märchenmotivs aus ‚Schneewittchen und die sieben Zwerge' ist wahrscheinlich."

Die zweite Äußerung findet sich auf Seite 427, wo festgestellt wird, daß ein „zeitgenössischer Arzt die Besessenheit der Illfurter Knaben, die von 1865 – 1867 dauerte, zu Recht als Gehirnreizung und Veitstanz diagnostizierte; heute ist man geneigt, das ungewöhnliche Gebaren der beiden mit kindlichen Verhaltensstörungen zu erklären." Der genannte Arzt, der dieses veitstänzerische Urteil über die Illfurter Kinder abgab, war der deutsche Physiologe Prof. Dr. Hoppe, der damals in Basel dozierte. In seiner Stellungnahme diagnostizierte er „eine hysterisch-choreatische (Chorea d. i. Veitstanz) Verwirrtheit" und erklärte die Vorgänge so: „Die ganze Seele oder das beseelte Gehirn der beiden Knaben hat den Teufelsspuk selbst gemacht, wie auch die Heilung zustandegebracht, und dies war mittels der Gehirnorganisation und des geistigen Gehirnmechanismus möglich ... Die Kinder zeigten ein allseitiges und großes Wissen; aber es steckte gleichfalls in ihnen, ist auch nichts Unerhörtes und Neues, man hat es nur nicht beachtet; überdies wird es durch bestehende Gehirnreizung befördert ..."

Wer in einem „wissenschaftlichen" Gutachten solchen Unsinn von sich gibt, macht sich bei jedem mündigen und kritischen Zeitgenossen lächerlich und wer solche lächerlichen Erklärungen 100 Jahre später mit dem Anspruch der Wissenschaftlichkeit heranzieht, um Tatsachen gewaltsam umzudeuten, macht sich doppelt lächerlich. Man sieht also, wie eine vorurteilsbesessene „Wissenschaft", die nicht gewillt ist, Tatsachen zur Kenntnis zu nehmen und sachlich zu interpretieren, heute noch Volksverdummung betreibt. Jeder normale Mensch weiß doch, daß niemand fremde Sprachen geläufig und längere Zeit hindurch sprechen kann, wenn er diese Sprachen nicht gelernt hat. Nun haben aber die Besessenen von Illfurt solche Sprachen tatsächlich fließend gesprochen, und zwar nicht mit ihrer Kinderstimme, sondern mit einer fremden, heiseren Männerstimme. Für ein solches Sprachphänomen, das bei Haag als Glossolalie bezeichnet wird, gibt es keine natürliche Erklärung. Haag gibt das in abgeschwächter Form selbst zu, wenn er schreibt: „Von den typischen Besessenheitsphänomenen, die sich nicht restlos erklären lassen, gehören zwei in den engsten Bereich der Parapsychologie: das Reden und Verstehen fremder Sprachen sowie das Wissen unbekannter zukünftiger Dinge" (S. 427).

Er hält aber mit dem Hinweis auf die von A. Rodewyk gemachten Mitteilungen über Magdas Sprachverständnis dieses für nicht glaubwürdig. Auf das Phänomen Illfurt geht er gar nicht ein. Er schweigt es tot und gibt zuletzt zur Frage der „Glossolalie" folgenden Geistesblitz von sich: „Wer trotzdem an der Glossolalie festhalten möchte, muß immerhin mit der Möglichkeit einer einfachen lautlichen Imitation oder einer unbewußten Reproduktion früher aufgefangener Sprachbrocken rechnen. Schließlich gibt es auch Glossolalie im strengen Sinn, jene Regression auf eine frühkindliche Bewußtseinsstufe, die sich in einem unverständlichen Lallen äußert" (S. 428). Damit hat sich der gelehrte „Wissenschaftler" endgültig disqualifiziert. Unglaublich, was Menschen glauben müssen, wenn sie die Wahrheit nicht glauben wollen. Indessen bezeugen sogar die Dämonen die Großtaten Gottes. –

# II. GOTTESGLAUBE

## 1. Die Endlösung der Gottesfrage in der a-theistischen Theologie

Wer alles weiß, hat keine Fragen mehr. Da wir als endliche Wesen nur wenig wissen, haben wir viele Fragen. Durch die Begrenztheit und Geschichtlichkeit unserer irdischen Existenz werden wir zwangsläufig zu fragenden Wesen, denen aufgegeben ist, die Wirklichkeit fragend einzuholen. Dabei stoßen wir erfahrungsgemäß immer wieder an letzte, unüberschreitbare Grenzen des Erkennens und Wissens. Schon ein Kind kann mehr fragen, als alle Wissenschaften beantworten können. An den Grenzen unseres Wissens begegnen wir dem Geheimnis, dem Mysterium. Wir werden niemals alle Fragen beantworten können. Je mehr wir wissen, umso weniger wissen wir wirklich, denn jede neue Erkenntnis wirft gleichzeitig zehn neue Fragen auf. Wir kommen mit unseren Fragen an kein Ende. Dennoch ist es uns nicht möglich, unbegrenzt zu fragen. Am Ende aller menschlichen Erkenntnis steht die Frage nach dem letzten Geheimnis, dem Ur-Geheimnis oder dem „Geheimnis aller Geheimnisse", wie E. Przywara Gott nennt. Die letzte aller Fragen ist also die Frage nach Gott: „Wer ist das eigentlich — Gott?" — Kann der endliche Mensch überhaupt von Gott reden und wissen? Oder haben die Atheisten recht, wenn sie behaupten, daß es gar keinen Gott gibt? Existiert Gott überhaupt?

Der Franzose André Frossard hat uns auf diese Fragen eine ganz persönliche Antwort gegeben in dem aufsehenerregenden Buch „Gott existiert – ich bin ihm begegnet".[20] Nach seinem Bericht kommt er aus einer Familie, „in der die Existenz Gottes nicht einmal eine Frage wert war". Ohne Taufe und Religionsunterricht ist er in einem sozialistischen Milieu aufgewachsen und gehörte – wie er selbst schreibt – zur Kategorie der perfekten Atheisten, „für die der Atheismus kein Problem mehr ist". Und doch ist dieser Atheist, „für den sich das Problem der Existenz Gottes gar nicht mehr stellte", als Zwanzigjähriger plötzlich von der Existenz Gottes mit einer so absoluten Gewißheit überzeugt, daß er nicht nur an einen existierenden Gott *glaubt*, sondern sogar behauptet, von Gottes Existenz zu *wissen* – und zwar deshalb, weil er ihm selbst begegnet ist. Es war am 8. Juli 1935 zwischen 17.10 Uhr und 17.15 Uhr. Als er um 17.10 Uhr die kleine Kirche der ewigen Anbetung in der Rue d'Ulm in Paris betrat, um dort einen Freund zu suchen, war der Sohn des ehemaligen Generalsekretärs der französischen KP noch ein gelassener Atheist. Fünf Minuten später war er von Gottes Existenz und der Wahrheit des katholischen Glaubens felsenfest überzeugt. Er schreibt: „Als ein Skeptiker und Atheist der äußersten Linken war ich eingetreten, und größer noch als mein Skeptizismus und Atheismus war meine Gleichgültigkeit gewesen: mich kümmerten andere Dinge als ein Gott, den zu leugnen mir nicht einmal in den Sinn kam, so sehr schien er mir längst nur mehr auf das Konto der menschlichen Angst und Unwissenheit zu gehören – ich ging wenige Minuten später hinaus als ein katholischer, apostolischer, römischer Christ, getragen und emporgehoben, immer von neuem ergriffen und fortgerissen von der Woge einer unerschöpflichen Freude ... Meine Gefühle, meine innere Welt, meine Gedankengebäude, in denen ich mich schon häuslich eingerichtet hatte, waren nicht mehr da, selbst meine Gewohnheiten waren verschwunden, mein Geschmack verwandelt." Erstaunlich an diesem Bekenntnis ist, daß hier ein Mensch Gott fand, der ihn gar nicht gesucht, ja der nicht einmal nach ihm gefragt hatte. Und er fand ihn in der vielgeschmähten katholischen Kirche. André Frossard ist nicht der einzige, dem diese Gnade geschenkt wurde. Swetlana Allilujewa, die Lieblingstochter des Massenmörders Stalin, die ebenfalls „von Kindheit an durch Gesellschaft und Familie zum Materialismus und Atheismus erzogen worden war", erkannte mit 35 Jahren, daß „es sinnlos ist, ohne Gott zu leben" und ließ sich taufen.[21] Viele andere könnten von einer ähnlichen Begegnung mit Gott und ihrer Bekehrung zu ihm berichten. Doch werden Erfahrungen und Erlebnisse dieser Art den ungläubigen Zeitgenossen mehr oder weniger als zweifelhafte Selbsttäuschungen und Illusionen erscheinen, die keinerlei Beweiskraft haben. Wem das göttliche Licht des Glaubens noch nicht aufgeleuchtet ist, dem ergeht es wie einem Blinden, der die Sonne auch dann nicht sehen kann, wenn sie hellstrahlend am Himmel steht. Der gewöhnliche Weg zum Glauben geht übrigens nicht über solche außerordentlichen Gnadenerweise, sondern über die Verkündigung durch überzeugte Glaubenszeugen. Der Glaube des Christen kommt vom Hören (Röm 10,17) des Wortes Gottes, das der Gläubige aufnimmt und sich zu eigen macht. Solcher Glaube ist nicht nur menschliche Entscheidung, sondern immer auch und zuerst Geschenk Gottes. Wie aber ist es dann zu erklären, daß viele Christen diesen geschenkten Glauben verloren haben und nun theoretisch oder praktisch im Lager des Atheismus stehen, der mehr denn je in unserer westlichen Welt auf dem Vormarsch ist? Und ist es nicht das größte Ärgernis unseres Jahrhunderts, das man einmal das „Jahrhundert der Kirche" genannt hat, daß es heute zum ersten Mal in der Geschichte des Christentums dem Atheismus gelungen ist, in die christliche Theologie einzudringen und eine Verwirrung in der Kirche zu stiften, wie sie bisher noch niemals erlebt wurde? Der Atheismus der Massen und erst recht der Atheismus der Theologie kann mit natürlichen Argumenten und Begründungen allein nicht erklärt werden. Bei aller differenzierten Betrachtung und Beurteilung des vielgestaltigen Atheismusproblems der Gegenwart muß doch zuerst die Aussage der Heiligen Schrift über den Satan, der „den ganzen Erdkreis verführt" (Offb 12,9) und das Wort Gottes aus den Herzen der Menschen hinwegnimmt, so daß sie nicht glauben und gerettet werden (Lk 8,12), unbedingt anerkannt und berücksichtigt werden. Der Satan ist in der Tat der geistige Vater der Rebellion gegen Gott und die Natur und der letztverantwortliche Urheber der weltweiten atheistischen Revolution unserer Tage.

Während er einerseits in unserem Jahrhundert seine größten Erfolge aufweist und überall auf der Welt Haß und Lüge, Terror und Massenmorde, Glaubensabfall und abscheulichste Verbrechen aller Art inszeniert und verbreitet, gelingt es ihm andererseits sog. christliche „Theologen" so zu verblenden, daß sie zur gleichen Zeit seine personale Existenz unbekümmert leugnen. Allerdings ist das noch nicht sein größter Triumph. Den absoluten Gipfel erreicht seine gott- und menschenfeindliche Strategie erst in jener Richtung der „modernen Theologie", die den ewigen, überweltlichen (transzendenten) und zugleich innerweltlichen (immanenten), persönlichen Gott der biblischen Offenbarung und der gesamten christlichen Tradition frech leugnet. Genau das geschieht heute, und zwar so unverschämt und raffiniert, daß man beredt wie eh und je von „Gott" spricht, in Wirklichkeit aber mit dem Wort „Gott" nicht mehr Gott meint, sondern irgendeine menschliche Befindlichkeit. Das ist der größte Sieg des „Vaters der Lüge" (Joh 8,44). Sophistische Falschspieler haben zwar zu allen Zeiten versucht, die Werte umzuwerten und dabei Worte umzuworten. Was aber die Söhne der Finsternis in der modernen Theologie mit der radikalen Verfälschung des Wortes „Gott" anstreben, nämlich die „Endlösung der Gottesfrage", ist in der Geschichte ohne Beispiel und darf ohne Übertreibung als eine geistige Revolution bezeichnet werden, die in ihrer Bedeutung und Wirkung alle anderen Revolutionen der Vergangenheit und Gegenwart weit übertrifft.

In einem fragmentarischen Überblick soll dieses Unternehmen hier näher dargelegt und erläutert werden.[22] Die Wegbereiter der genannten „Endlösung" waren die Theologen K. Barth, R. Bultmann, P. Tillich und D. Bonhoeffer. Karl Barth, der als „bedeutendster Dogmatiker des modernen Protestantismus" gilt[23], hat nach dem 1. Weltkrieg mit einigen anderen Theologen die „Dialektische Theologie" begründet, die als Gegenbewegung zur „Liberalen

Theologie" des 19. Jahrhunderts der Gottesfrage nicht nur neue und verstärkte Aufmerksamkeit schenkte, sondern ihr auch eine andere Interpretation gab. Durch seine neue Gotteslehre ist der junge K. Barth ungewollt zu einem Bahnbrecher der gottlosen Theologie geworden. In einem Aufsatz über „Das Wort Gottes und die Theologie" schreibt er 1925: „Wir sollen als Theologen von Gott reden. Wir sind aber Menschen und können als solche nicht von Gott reden." Zwischen Gott und Mensch besteht nach K. Barth ein unendlicher qualitativer Unterschied, der weder durch Anschauung und Gefühl, noch durch denkerische Bemühung überwunden werden kann. Gott ist niemals „mit dem identisch, was wir Gott nennen, als Gott erleben, ahnen und anbeten". Zwar kann Gott geglaubt werden, aber der Glaube hebt die Entfernung zu dem „ganz anderen" Gott nicht auf und ermöglicht keinerlei Gemeinschaft mit ihm. Wenn man Gott vom Menschen so radikal distanziert, daß Gott gar nicht mehr erkannt und von ihm nicht mehr gesprochen werden kann, so ist das praktisch schon eine Vorstufe des „christlichen Atheismus", wenngleich theoretisch noch an einer Existenz Gottes festgehalten wird. Die traditionelle katholische Theologie weiß zwar auch um den ganz anderen Gott, dessen Gedanken nicht unsere Gedanken und dessen Wege nicht unsere Wege sind, wie Jesaja sagt (55,8 f). Aber sie hat immer gelehrt, daß zwischen dem jenseitig-überweltlichen (transzendenten) Gott und dem dieseitig-endlichen Menschen aufgrund der biblischen Lehre von der Gottebenbildlichkeit des Menschen eine Ähnlichkeitsbeziehung besteht, die es ermöglicht, wahre Aussagen über Gott zu machen und wirkliche

Erkenntnisse von ihm zu gewinnen. Wenn diese auch nur Ähnlichkeitscharakter haben und die Unähnlichkeit dabei größer ist als die Ähnlichkeit, so war doch die Brücke, die Gott und Mensch im Prinzip der Analogie des Seins (analogia entis) miteinander verband, nie abgebrochen werden. K. Barth jedoch lehnte gerade dieses Prinzip als Erfindung des Antichrists radikal ab und sah in der Tatsache, daß die katholische Theologie daran unerschütterlich festhielt, den einzigen Grund, weshalb man nicht katholisch werden könne.[24] Die Kritik an K. Barths Auffasung war unvermeidlich und wurde auch von liberalen protestantischen Theologen, vor allem von A. v. Harnack vorgetragen, der schon sehr früh und klar die Konsequenzen von K. Barths theologischem Irrtum erkannt und die Überzeugung ausgesprochen hatte, „daß derjenige, der das Band zwischen Schöpfung und Schöpfer, zwischen Geschichte und Glauben, zwischen Welt und Gott so zerschneidet wie K. Barth, sich auf die Dauer nicht vor der Barbarei und dem Atheismus retten wird".[25]

Als Theologe, dessen Aufgabe ja gerade das Sprechen von Gott ist, mußte nun K. Barth einen Ausweg suchen, um die unüberbrückbare Kluft zwischen Gott und Mensch überwinden zu können. Er fand ihn, indem er den Begriff der „Aktualität" Gottes einführte. Nach Barths „Aktualismus" ist Gott nicht eine Wirklichkeit, die Sein und Dasein hat, sondern Gott ist nur als Handelnder beim Menschen im Augenblick, da er sich in seinem Wort dem gläubigen Menschen offenbart. Gott ist, wie K. Barth in einer Formel sagt – „Offenbarung und nicht Offenbartheit"[26], ein Gott, der nicht als Seiender, sondern im-

mer nur als Kommender zu verstehen ist, über den also auch keine theologischen Sätze mit letzter Gewißheit ausgesagt werden können.
Hier ist zu fragen, wie es mit den Gesetzen der Logik zu vereinbaren ist, daß Gott Aktualität haben kann ohne Realität zu haben. Wer kein wirkliches Dasein hat, kann auch nicht aktuell sein. So bleibt bei K. Barth trotz aller Rede von Gott am Ende vom wirklichen Gott nichts mehr übrig als der Name. Fazit: Der total verjenseitigte und „ganz andere" Gott ist ein weltloser Gott, dem eine gottlose Welt dialektisch gegenübersteht. Über diesen Gott sind weder wahre Aussagen zu machen, noch sind von ihm verbindliche Gebote und Weisungen für das sittliche Leben zu erwarten. Christliche Normen und Prinzipien kann es dann auch für das gesellschaftliche und politische Leben nicht mehr geben. In dieser Hinsicht haben die Anhänger K. Barths vollkommene Freiheit und können als „Christen" einerseits den Nationalsozialismus entschieden ablehnen — wie K. Barth es tat — und andererseits ihre eigentliche Aufgabe im Kampf gegen den Antikommunismus sehen, weil nach K. Barth der westliche Antikommunismus angeblich ein größeres Übel ist als der östliche Kommunismus. Wer sich auf die Theologie, wie sie hier entworfen wurde, beruft, kann aus seinem „Glauben" für diese Welt und ihre Bereiche nichts Verbindliches ableiten, weil der Gott, von dem hier gesprochen wird, ein sprach- und weltloser, ein entwirklichter Gott ist. Gleichzeitig gibt diese Theologie der totalen Freiheit ihren Anhängern freie Fahrt in alle möglichen und unmöglichen Abenteuer. Was eine solche Theologie wert ist, braucht nicht weiter erörtert zu werden.

Der marxistische Philosoph Milan Machovec hat in seinem Buch „Marxismus und Dialektische Theologie“ die Auffassung vertreten, die Theologie K. Barths habe durch die absolute Verjenseitigung Gottes den modernen Atheismus, der Gott längst aus allen Bereichen der Welt verbannt hat, bestätigt. Machovec betrachtet K. Barths Theologie als eine Etappe auf dem Weg des Christentums zum Atheismus und meint, daß mit D. Bonhoeffer die christliche Theologie überhaupt ihr Ende gefunden habe.[27]

Er schreibt: „Wir möchten darin den logischen Abschluß des Zweitausendjährigen Weges der Theologie sehen, der ‚Wissenschaft von Gott‘, die eine Position nach der anderen aufgeben mußte, bis sie sich nun endlich entschließt, auch von ihrem Eckstein, von Gott selbst zu lassen.“

Ob man mit einem solchen Urteil K. Barth gerecht wird, der doch immer wieder von „Gott im Himmel oben“ gesprochen hat? Theoretisch hat der K. Barth der dialektischen Periode Gott sicher nicht geleugnet, aber er hat mit der radikalen Entgegenständlichung (Entobjektivierung) und totalen Verjenseitigung (Transzendenz) Gottes einen fundamentalen theologischen Irrtum begangen und damit einen entscheidenden Schritt zur atheistischen Entwirklichung Gottes getan. Er wollte gegen eine extreme Vermenschlichung und Verweltlichung Gottes im bürgerlich-christlichen Sinn angehen und fiel dabei in das andere Extrem der Entweltlichung und Entwirklichung Gottes. Gegen Ende des Jahres 1963 gab K. Barth in einem Gespräch mit dem evangelischen Theologen K. Bockmühl selbst zu, daß er in seiner Theologie einen Fehler gemacht haben mußte. Damals war die deutsche Übersetzung des Buches „Honest to God“ unter dem Titel „Gott ist anders“ erschienen,[28] ein Buch, das der anglikanische Bischof John A. T. Robinson in der Absicht geschrieben hatte, den Glauben an den persönlichen Gott, der in der Bibel bezeugt wird und von der Christenheit bislang geglaubt wurde, zu überwinden, damit das Christentum in der heutigen Welt überhaupt noch bestehen und überleben könne. Die sensationelle Schrift, die mit einer Startauflage von 300 000 Exemplaren auf den Markt kam, beunruhigte K. Barth sehr. Er gab seiner Sorge darüber Ausdruck, daß er an dieser neuesten Entwicklung innerhalb der christlichen Theologie nicht ganz schuldlos sei und bemerkte dazu: „Manchmal denke ich, das Problem John Robinson ist vielmehr ein Problem K. Barth. Was habe ich falsch gemacht, daß das jetzt schon wieder möglich ist, — die Heftigkeit und Breite dieser Reaktion?“[29] Führende Vertreter der amerikanischen „Gott-ist-tot“-Theologie haben als überzeugte Anhänger des jungen K. Barth ihre Theologie begonnen und dessen theologische Ansätze radikal zu Ende gedacht. „Man kann ihnen die Konsequenz darin nicht absprechen: Wenn Gott rein unweltlich existiert und in die Wirklichkeit dieser Welt nicht eingeht, wenn er in ihr nicht mehr vorkommt, dann können und müssen wir vielleicht sogar gänzlich auf ihn verzichten; denn ein von der Welt und ihrer Wirklichkeit getrennter Gott ist eben kein wirklicher Gott; ein Gott der absoluten Transzendenz und Überweltlichkeit kann den Menschen nicht interessieren. Es ist die größere Konsequenz, auf einen solchen Gott zu verzichten und für ihn einen Ersatz zu suchen in der Verabsolutierung einer weltlichen Kraft oder Gegebenheit."[30] Wenn auch der spätere Barth die Auffassung seiner früheren Jahre zu revidieren versuchte, so konnte doch dieser Versuch nicht ganz überzeugen und die Weiterentwicklung seiner ursprünglichen Ideen in Richtung eines atheistischen Christentums nicht aufhalten.

Aber noch mehr als K. Barth hat R. Bultmann den Prozeß der Zerstörung des biblischen Gottesglaubens vorangetrieben. Bultmann ist zweifellos der bis heute einflußreichste und umstrittenste Theologe im Protestantismus des 20. Jahrhunderts. Zuerst war er mit K. Barth wesentlich am Aufkommen der dialektischen Theologie beteiligt, ging später aber eigene Wege. Sein Name ist untrennbar mit dem sog. Entmythologisierungsprogramm verbunden, von dem auch Gott betroffen ist. Ähnlich wie K. Barth verwirft auch Bultmann den Glauben an einen persönlichen Gott, der dem Menschen und der Welt als wirklich existierend gegenübersteht. Mit aller Entschiedenheit lehnt er eine solche Okjektivierung Gottes ab. Schon 1925 schreibt er in einem Aufsatz mit dem Titel: „Welchen Sinn hat es, von Gott zu reden?" folgende, für seine ganze Theologie programmatischen Sätze: „Versteht man unter ‚von Gott' reden, ‚über Gott' reden, so hat solches Reden überhaupt keinen Sinn ... Wer durch Gründe bewogen wird, Gottes Wirklichkeit zu glauben, der kann sicher sein, daß er von der Wirklichkeit Gottes nichts erfaßt hat; und wer mit Gottesbeweisen etwas über Gottes Wirklichkeit auszusagen meint, disputiert über ein Phantom. Denn jedes ‚Reden über' setzt einen Standpunkt außerhalb dessen, worüber geredet wird, voraus. Einen Standpunkt außerhalb Gottes aber kann es nicht geben, und von Gott läßt sich deshalb auch nicht in allgemeinen Sätzen, allgemeinen Wahrheiten reden, die wahr sind ohne Beziehung auf die konkrete Situation des Redenden. Man kann über Gott sinnvoll so wenig reden wie man über Liebe reden kann ... Liebe ist keine Gegebenheit, ... sie besteht nur als eine Bestimmtheit des Lebens selbst ...“[31] Mit dieser Grundauffassung berührt sich R. Bultmann zunächst mit der aktualistischen Gottesvorstellung K. Barths, die aber nun durch die existentialistische Aussage erweitert wird, nach der Gott als eine „Bestimmtheit“ des menschlichen Lebens verstanden wird. Das bedeutet, daß Gott hier radikal verdiesseitigt und vermenschlicht wird. Weder im Aktualismus K. Barths noch im Existentialismus R. Bultmanns kann Gott unabhängig vom Menschen existieren. Denn wenn Gott nur im „Akt“ existiert, d. h. im Bezug auf den Menschen, an dem und in dem sich dieser „Akt“ vollzieht, dann kann dieser Gott nicht ohne den Menschen sein. Ein „An-sich-Sein“ oder „Für-sich-Sein“ Gottes kann es dann nicht geben. Dasselbe gilt für die existentialistische Gottesvorstellung, in der Gott auf eine Befindlichkeit des Menschen und seiner sich im Diesseits erschöpfenden Existenz reduziert wird. Beide Irrtümer werden heute in der progressistischen Formel ausgesprochen: „Von Gott reden heißt vom Menschen reden.“ Leider wissen die theologisierenden Papageien, die diese Parole beflissen nachplappern, oft nur wenig oder nichts von der theologischen Hinterwelt, der sie entstammt.

Bultmanns Entmythologisierungstheologie geht von der Annahme aus, daß die Botschaft der Bibel, ihr

Weltbild, Menschen- und Gottesverständnis, dem naiven und primitiven Entwicklungsstand der damaligen Zeit entsprechend, nicht in der Sprache der Wissenschaft, sondern in der des vorwissenschaftlichen Mythos geschrieben sei. Die ursprüngliche Bedeutung des griechischen Wortes Mythos kann mit Sage, Erzählung wiedergegeben werden. Im theologischen Sprachgebrauch versteht man unter Mythos eine „religiöse, sinnenfällig-bildhafte Aussage und Daseinsdeutung, die durch die voranschreitende Religion und Philosophie abgelöst wird. Durch ‚Entmythologisierung‘ soll der Wahrheitskern von der situationsbedingten mythologischen ‚Verpackung‘ befreit und für eine spätere Zeit deutlich und fruchtbar gemacht werden“.[32] Wie das konkret geschehen soll ist natürlich eine Frage der Auslegung, der Interpretation. R. Bultmann hat sich im Anschluß an die Philosophie Martin Heideggers für die existentiale Interpretation entschieden. Existenz ist in diesem Sinn nichts Vorhandenes, Gegebenes, objektiv Da-Seiendes, sondern etwas je sich Ereignendes, Geschehendes. Im Verständnis der Heideggerschen Existenzphilosophie bedeutet Existenz soviel wie „In-der-Welt-sein, Bei-sein, Mit-sein, Befindlichkeit, Verstehen, Rede, Ergreifen der eigenen Möglichkeiten, Sich-selbst-vorwegsein, Sorge, Angst, Sein zum Tode, Hineingehalten-sein in das Nichts. Was diese ‚Existentiale‘ als ein Gemeinsames verbindet, ist die Zeitlichkeit oder Geschichtlichkeit“.[33] R. Bultmanns Menschen- und Weltbild ist in sich einheitlich und geschlossen, so daß es eine Aufspaltung in zwei Wirklichkeiten wie Diesseits und Jenseits, Zeit und Ewigkeit, Natur und Gnade ebenso wenig geben kann wie ein Eingreifen übernatürlicher Mächte in das Leben und die Welt des Menschen. Mit dieser materialistischen und positivistischen Weltanschauung aus dem 19. Jahrhundert, die durch neuere natur-wissenschaftliche Erkenntnisse überholt, aber leider noch nicht bei allen Zeitgenossen überwunden ist, geht nun R. Bultmann an das Werk der Entmythologisierung heran. Er versteht diese negativ als „Kritik am Weltbild des Mythos", sofern dieses die eigentliche Intention des Mythos verbirgt, und positiv als „existentiale Interpretation, indem sie die Intention des Mythos deutlich machen will, eben seine Absicht, von der Existenz des Menschen zu reden".[34] Bultmanns Vorverständnis beruht demnach auf zwei falschen Voraussetzungen. Daß unter diesen Umständen das Unternehmen Entmythologisierung keine neuen Wahrheiten ans Licht bringen kann, braucht nicht weiter erklärt zu werden. Bultmann ist ja auch bekanntermaßen vor der letzten Konsequenz seiner Entmythologisierungstheorie zurückgeschreckt und hat Gott doch nicht ganz entmythologisiert. Er hat nämlich einzig und allein die „Tat Gottes" von der Entmythologisierung ausgenommen und damit einen mythologischen Rest in seinem theologischen System übriggelassen. Seine radikaleren Kritiker haben ihm dies nicht zu Unrecht vorgeworfen und sein Beharren auf der „Tat Gottes", der wir nach Bultmann unsere Eigentlichkeit als Geschenk verdanken, als inkonsequenten „Exklusivitätswahn" bezeichnet. Durch den genannten Vorbehalt kann Bultmann zwar verbal dem Vorwurf begegnen, er habe Gott mit der Existenz des Menschen gleichgesetzt und ihn als „Bestimmung des Menschen" zu einem Existential, d. h. zu einem Existenzmerkmal des Menschen gemacht. Dennoch bleibt bei einer redlichen Beurteilung der Gesamtaussagen Bultmanns – seine Predigten eingeschlossen – keine Möglichkeit mehr, von einer „Tat Gottes“ im Sinne eines außerhalb des zeitlichen Menschen und der geschlossenen Welt existierenden und handelnden Gottes zu sprechen. Man kann logischerweise Gott nicht entmythologisieren und dann nachher die Tat des bereits entmythologisierten Gottes von der Entmythologisierung ausnehmen. Der Gott, von dem Bultmann engagiert zu sprechen weiß, ist weder als Gegenüber des Menschen („Objekt“), als außerhalb des Menschen existierendes Person-Wesen („Du“), noch als irgendeine überweltliche Wesenheit denkbar. Man kann ihm deshalb auch nicht mehr personal begegnen in Anbetung, Gebet und Gottesdienst. Wenn man trotzdem noch „betet“ und „Gottesdienst“ feiert, muß man diese Formen menschlichen Verhaltens immer im entmythologisierten Sinn verstehen. An diesem Punkt wird unausweichlich deutlich, daß die existentalistische Verdiesseitigung Gottes ebenso zur Entwirklichung und zum Verlust Gottes führt wie die radikale Verjenseitigung Gottes durch K. Barth. Ein Irrtum ruft den anderen, ein Extrem berührt das andere. Man hat für diesen Vorgang, der bei Barth und Bultmann je anders verläuft, aber zum gleichen Ergebnis führt, das Bild vom Radargerät und seiner Reichweite gebraucht. „Ein solches Gerät kann sowohl durch zu große Höhe wie auch durch einen Tiefflug wirkungslos gemacht werden ... ohne Bild gesprochen: Gott kann sich weder bei der radikalen Verjenseitigung, noch bei der radikalen Verdiesseitigung als Gott bemerkbar machen. Er verliert in beiden Fällen die Wirksamkeit und die Wirklichkeit.“

Ferner zeigt sich bei der Auseinandersetzung mit Bultmanns Entmythologisierungsmethode, „daß das philosophische Denkschema des Existentialismus den Theologen in einen geistigen Engpaß führt, in dem die Frage nach dem Sein und Wesen Gottes gar nicht mehr gestellt werden kann . . .".[35]

Mag man in R. Bultmanns Theologie bezüglich der Gottesfrage noch eine gewisse Unklarheit und Widersprüchlichkeit bemängeln, so ist dies bei seinem Schüler Herbert Braun nicht mehr möglich. Braun hat die Inkonsequenz seines Lehrers aufgedeckt und den Prozeß der Vermenschlichung Gottes geradlinig zu Ende geführt. Als Schriftausleger (Exeget) tat er dies weniger mit Hilfe der Existentialphilosophie als vielmehr mit exegetisch-pragmatischen Methoden. Wie R. Bultmann kennt auch H. Braun nur eine Wirklichkeit, die sog. „welthafte Wirklichkeit", die den Gesetzen der Natur untersteht und Gegenstand der Naturwissenschaften ist. Braun geht dabei von der Annahme aus, daß die uns zur Zeit noch unbekannten Naturgesetze in Zukunft alle einmal erkennbar sein werden. Über die sog. empirische Wirklichkeit hinaus existiert für ihn nichts. Es bleibt somit kein Raum mehr für die Existenz oder das Handeln eines außer- und überweltlichen Gottes, Wunder kann es wie schon für R. Bultmann nicht mehr geben. Es existiert nur die diesseitige, naturgesetzlich und geschichtlich geschlossene „welthafte Welt". So ist die Theologie Brauns in der Tat eine Theologie ohne Gott, eine atheistische Theologie. Weil aber der Begriff „atheistische Theologie" in sich schon mehr als absurd ist — er ist nicht nur unsinnig, sondern irrsinnig — darum sollte man das

System der Braunschen Hirngespinste ehrlicherweise nicht mehr „Theologie“, sondern eher „Anthropologie“ (Lehre vom Menschen) nennen. Doch H. Braun denkt nicht daran, das unredliche Spiel mit dem Wort „Gott“ aufzugeben. Er entmythologisiert den biblischen Gottesbegriff und funktioniert ihn um in „das Phänomen des gewissensmäßigen, getrosten, überzeugten Handeln-könnens“. Die Vokabel „Gott“ bezeichnet hier eindeutig ein menschliches Existenzphänomen. In einer anderen Definition, die ebenfalls von der sittlichen Verantwortlichkeit des Menschen ausgeht, nennt er „Gott“ das „Woher meines Umgetriebenseins. Mein Umgetriebensein aber ist bestimmt durch das ‚Ich darf‘ und ‚Ich soll‘, bestimmt durch Geborgenheit und Pflicht. Geborgenheit und Pflicht aber kommt mir nicht aus dem Weltall, sondern vom anderen her, vom Mitmenschen“. Nach einer anderen These ist „Gott“ dort, „wo der Augenblick in seiner Gefülltheit genommen und gelebt wird“. Die bekannteste Formulierung Brauns, die seine verschiedenen Gottesaussagen gleichsam zusammenfaßt und auf einen Nenner bringt, lautet schließlich ganz einfach und schlicht: „Der Mensch in seiner Mitmenschlichkeit impliziert Gott . . . Gott wäre dann eine bestimmte Art der Mitmenschlichkeit.“[36]

Es ist nicht verwunderlich, wenn diese Art von „Theologie“ bei gläubigen Christen aller Konfessionen Entrüstung und Entsetzen ausgelöst hat. Bemerkenswert ist aber auch die Tatsache, daß sie selbst von entschiedenen Atheisten abgelehnt und verurteilt worden ist. So hat z. B. der ehemalige evangelische Theologe Joachim Kahl in seinem rabiaten antichristlichen Pamphlet „Das Elend des Christentums" die Entmythologisierungspraxis ganz allgemein „organisierte Unehrlichkeit und Zweideutigkeit" genannt.[37]

Der katholische Dogmatiker L. Scheffczyk schlägt vor, die Auffassungen Brauns vom Gott „Mitmenschlichkeit" nicht mehr als „Humanismus", sondern als „Hominismus" zu bezeichnen, weil hier nämlich zum Unterschied von allen anderen Formen des Humanismus erstmals das Menschliche (Humanum) an die Stelle Gottes gesetzt wird.[38] Der Begriff „atheistisch" trifft nach den strengen Regeln der Logik für dieses System des Humanismus nämlich deshalb nicht zu, weil eben menschliche und mitmenschliche Befindlichkeiten in ihm zu „Gott" gemacht werden. Die satanische Pervertierung der Menschwerdung Gottes in Jesus Christus ist damit theologisch sanktioniert: Der Mensch wird Gott und ist Gott. Mit welchen billigen Tricks der Exeget Braun die konkreten Aussagen von Gott im Neuen Testament umdeutet und vergewaltigt, soll hier nicht näher dargelegt werden. Mehr als 1000 mal offenbart sich in der Bibel der lebendige, persönliche (theistische) Gott als „Ich" und wird von den Menschen als „Du" angesprochen. Diesen persönlichen Gott aus der Bibel mit dem Hinweis auf das überholte antike Weltbild entmythologisieren zu wollen, ist nicht zuletzt deshalb unmöglich, weil ja das antike Weltbild den einen (mono-theistischen) Gott gar nicht kannte, sondern vom Polytheismus, d. h. vom Glauben an viele Götter, beherrscht und bestimmt war.

Unter den bahnbrechenden Theologen des modernen Protestantismus, die ebenfalls den Glauben an den persönlichen Gott der Bibel aufgegeben haben, nimmt Paul Tillich eine Sonderstellung ein. Schon 1929 vertrat er die Meinung, daß zentrale Begriffe des Christentums, vor allem auch das Wort „Gott“, fragwürdig geworden seien und dringend einer Neuinterpretation bedürften. Er spricht davon, daß „die überwältigende Macht des Wortes ‚Gott‘ neu zu verstehen und zu formulieren“ sei. Dies sei um so notwendiger, als die alten Formeln von Gott von vielen Zeitgenossen nicht mehr verstanden würden, was ja schließlich auch zu der bekannten Erfolglosigkeit der Kirche und zur Krise des Christentums geführt habe. Von der gleichen Voraussetzung geht später auch Bischof Robinson aus. Die quälende Frage ist für beide: Wie können oder müssen wir die theologischen Aussagen von Gott und seinem Wort so attraktiv machen, daß sie bei den heutigen Menschen ankommen? Tillich, der die gegenwärtige Glaubenskrise nicht in der modernen säkularisierten Welt, sondern im Versagen des theologischen Denkens und der kirchlichen Verkündigung begründet sieht, stellt deshalb die Forderung auf: „Begriffe mußt du retten, ehe du Seelen retten kannst.“[39]

Wie will nun P. Tillich den Begriff „Gott“ retten? Zunächst möchte er den alten Begriff vom jenseitigen und übernatürlichen Gott reformieren und dem All-Einheits-Bewußtsein des modernen Menschen und seiner Geschichte so anpassen, daß Gott mit der geschaffenen Welt nicht einfach identifiziert wird. Zu diesem Zweck führt er den Begriff „Gott über Gott“ ein, der im sog. „absoluten Glauben“ zu erfassen ist. Da der alte Gottesbegriff durch das Gegenüber von Gott und Mensch das Verhältnis beider so gestaltet, daß Gott zum Konkurrenten des Menschen und der Mensch zum Sklaven Gottes wird, muß man diesen theistischen Begriff von Gott aufgeben, was Nietzsche mit der Parole „Gott ist tot" mit Recht getan habe. Die neue Gottesvorstellung lautet in der Formel Tillichs: „Gott über Gott", d. h. der neue Gott überschreitet (transzendiert) den alten, wie er überhaupt den Menschen und alles endliche Sein „unendlich" überragt. Durch diesen neuen Gottesbegriff will Tillich dem Menschen die Angst vor der Sinnlosigkeit nehmen und ihm Mut zum Dasein geben. Sein „Gott über Gott" ist aber kein persönliches Wesen, sondern lediglich eine symbolische Formel für die Überwindung und Überwindbarkeit von Sinnlosigkeit und Verzweiflung. „Gott über Gott" ist also keine inhaltlich bestimmte und gegebene Wirklichkeit, sondern eine Formel, die nur im „absoluten Glauben" erfaßt werden kann. Der „absolute Glaube" wieder ist nichts anderes als der „Mut zum Sein", der auch vor dem Nichtsein und der Sinnlosigkeit nicht verzweifelt, sondern ihnen sein mutiges oder trotziges „Trotzdem" entgegenhält, es ist „der Mut der Verzweiflung", wie Tillich selber sagt.[40] Der „absolute Glaube" wird deshalb so genannt, weil er von jedem Glaubensgrund, -gegenstand und -inhalt losgelöst ist und nur in Beziehung zu sich selbst existiert. Als solcher ist dieser „Glaube" irrational, ohne jede einsichtige Basis und im günstigen Fall nicht mehr als eine suggestive Formel, die nur vom Menschen her, also subjektiv zu begründen ist. Doch sieht Tillich auch einen objektiven Grund für diesen Glauben, nämlich in der Struktur des Seins, dessen tiefster Grund „Gott" heißt. War früher Gott als die Spitze des Seins verstanden worden, so wird er jetzt dessen Tiefe genannt. P. Tillich erklärt das so: „Der Name dieser unendlichen Tiefe und dieses unerschöpflichen Grundes allen Seins ist Gott. Jene Tiefe ist es, die mit dem Wort Gott gemeint ist. Und wenn das Wort für euch nicht viel Bedeutung besitzt, so übersetzt es und sprecht von der Tiefe in eurem Leben, ... von dem, was euch unbedingt angeht, was ihr ohne irgendeinen Vorbehalt annehmt. Wenn ihr das tut, werdet ihr vielleicht einiges, was ihr über Gott gelernt habt, vergessen müssen, vielleicht sogar das Wort selbst. Denn wenn ihr erkannt habt, daß Gott Tiefe bedeutet, so wißt ihr viel von ihm. ... Wer um die Tiefe weiß, weiß auch von Gott."[41]

Der „Gott" Tillichs ist als Grund des Seins oder als „Seinsmächtigkeit" nicht etwa dem Sein voraus, ihm über- oder vorgeordnet, sondern nur ein Teil der einheitlich verstandenen Gesamtwirklichkeit. Damit kommt bei ihm Gott als begründende Ursache des Seins, als vor- und überweltlicher Schöpfer nicht in Frage. Sein Gott hat kein Sein an sich und für sich, keine Existenz unabhängig vom Sein der in sich geschlossenen Gesamtwirklichkeit. Ausdrücklich lehnt Tillich ab, „daß Gott eine Person ist". Er betrachtet Gott nur als „das fundamentale Symbol für das, was uns unbedingt angeht" — und bezeichnet sogar einmal „Gott" als das Symbol für Gott. Was er darunter versteht, macht er mit folgendem Vergleich deutlich: „Der Mensch, der Apollo anbetet, ist in konkreter Weise unbedingt ergriffen, denn sein letztes Anliegen ist in der Gestalt des Apollo symbolisiert. Der Mensch, der Jahwe, den Gott des Alten Testaments, verehrt, hat ein unbedingtes Anliegen und ein konkretes ‚Bild‘ dessen, was ihn unbedingt angeht. Das ist der Sinn der scheinbar so paradoxen Feststellung, daß ‚Gott‘ das Symbol Gottes sei.“ Der Sinn dieser sophistischen Wortspielerei ist mit anderen Worten der: Weder Apollo noch Jahwe haben eine wirkliche und wesenhafte Existenz. Wirklich existiert nur der Mensch, dessen unbedingtes Anliegen mit dem „Bild“ oder „Symbol“ Gott identifiziert wird. „Gott“ ist also nur das Symbol für eine menschliche Befindlichkeit. P. Tillich sagt selbst, „daß durch diese Deutung des Gottesbegriffs eine Diskussion über die Existenz oder Nicht-Existenz Gottes sinnlos wird ... Wenn ‚Existenz‘ sich auf etwas bezieht, das im Ganzen der Wirklichkeit vorgefunden wird, so existiert kein göttliches Wesen ..., ‚Gott‘ ist das fundamentale Symbol des Glaubens, aber es ist nicht das einzige ... Glaube ist nicht das Für-wahr-Halten von Geschichten, sondern er ist die Annahme von Symbolen, die unser unbedingtes Ergriffensein im Bild göttlichen Handelns ausdrükken“.[42]

Folgerichtig muß P. Tillich auch die Gottesbeweise ablehnen. Außerdem kann er das Gebet nicht mehr als persönliche Zwiesprache des Menschen mit Gott verstehen. Er spricht freilich noch vom Gebet, doch kann nach seiner Auffassung etwa das Bitt- oder Fürbittgebet nicht den Sinn haben, „daß man von Gott erwartet, er solle bereit sein, in existentielle Gegebenheiten einzugreifen“.[43] Ja er sagt sogar, wenn das Gebet „auf die Ebene einer Zwiesprache zwischen zwei Wesen herabgezogen wird, ist es blasphemisch und lächerlich“. Nach seiner Definition ist Gebet vielmehr „die Gegenwart des Mysteriums des Seins und eine Manifestation dessen, was uns unbedingt angeht".[44] Beten und Meditieren kann in diesem Verständnis nur heißen, sich in die Tiefe des eigenen Seins zu versenken, wo man letztlich mit sich selbst allein ist.

Die Gedanken Tillichs wurden von der sog. „Gott-ist-tot"-Theologie aufgenommen und durch sie konsequent und radikal weitergeführt. Der amerikanische Theologe Thomas Altizer meint, daß Tillich seine Theologie nicht konsequent durchgehalten habe, sondern auf halbem Weg stehengeblieben sei. Er wolle nun den radikalen Tillich in einer atheistichen Interpretation des Christentums zu Ende denken. Als Tillich kurz vor seinem Tod noch mit dieser Theologie konfrontiert wurde, soll er gesagt haben: „Das geht zu weit."[45]

Wahrscheinlich hat Tillich selbst nicht erkannt, welchen Prozeß er mit seiner Neuinterpretation des Gottesbegriffs tatsächlich eingeleitet und vorangetrieben hat. Die „Gott-ist tot"-Theologie ist jedenfalls der Schlußpunkt einer breiten theologischen Bewegung, die irrtümlich glaubte, den absoluten, lebendigen, persönlichen Gott der biblischen Offenbarung durch andere, unpersönliche Gegebenheiten ersetzen zu können. Das Ende dieses verhängnisvollen Irrtums ist die absurde atheistische Theologie, die „Gott-ist-tot"-Theologie, deren Hauptvertreter die radikalen amerikanischen Theologen Thomas Altizer, Paul van Buren und William Hamilton sind. Sie verstehen ihre Theologie nicht mehr nur als Kommentar zu den Gedanken der führenden europäischen Theologen des Protestantismus wie K. Barth, R. Bultmann, P. Tillich oder D. Bonhoeffer, sondern als eigenständige, neue amerikanische Theologie. Gleichwohl sind sie durchweg Schüler dieser alten Lehrer. Besonders stark sind alle radikalen amerikanischen Theologen von Dietrich Bonhoeffer beeinflußt, der Professor für systematische Theologie in Berlin war. Wegen seines Widerstandes gegen die nationalsozialistische Tyrannei wurde er verhaftet und 1945 im KZ Flossenbürg ermordet. Während seiner Haft entwarf er erstmals die Konzeption eines „religionslosen Christentums". Er schreibt: „Unsere gesamte 1900jährige christliche Verkündigung baut auf dem ‚religiösen Apriori' der Menschen auf. ‚Christentum' ist immer eine Form (vielleicht die wahre Form) der Religion gewesen. Wenn nun aber eines Tages deutlich wird, daß dieses ‚Apriori' gar nicht existiert, sondern daß es eine geschichtlich bedingte und vergängliche Ausdrucksform der Menschen gewesen ist, wenn also die Menschen radikal religionslos werden — und ich glaube, daß das mehr oder weniger bereits der Fall ist . . . — was bedeutet das dann für das ‚Christentum'? Unserem ganzen bisherigen ‚Christentum' wird das Fundament entzogen, und es sind nur noch einige ‚letzte Ritter' oder ein paar intellektuell Unredliche, bei denen wir ‚religiös' landen können. Sollten das etwa die wenigen Auserwählten sein? Sollen wir uns eifernd, pikiert oder entrüstet ausgerechnet auf diese zweifelhafte Gruppe von Menschen stürzen, um unsere Ware bei ihnen abzusetzen? Sollen wir ein paar Unglückliche in ihrer schwachen Stunde überfallen und sie sozusagen religiös vergewaltigen? Wenn wir das alles nicht wollen, wenn wir schließlich auch die westliche Gestalt des Christentums nur als Vorstufe einer völligen Religionslosigkeit beurteilen müßten, was für eine Situation entsteht dann für uns, für die Kirche? Wie kann Christus auch der Herr der Religionslosen werden? Gibt es religionslose Christen? ...

Die zu beantwortenden Fragen wären doch: Was bedeutet eine Kirche, eine Gemeinde, eine Predigt, eine Liturgie, ein christliches Leben in einer religionslosen Welt? Wie sprechen wir von Gott – ohne Religion ...? Wie sprechen ... wir ‚weltlich' von Gott ... Wie sind wir Herausgerufene, ohne uns religiös als Bevorzugte zu verstehen, sondern vielmehr als ganz zur Welt Gehörige ...? Was bedeutet in der Religionslosigkeit der Kultus und das Gebet ...? Die paulinische Frage, ob die Beschneidung Bedingung der Rechtfertigung sei, heißt meines Erachtens heute, ob Religion Bedingung des Heils sei. Die Freiheit von der Beschneidung ist auch die Freiheit von der Religion. Wie dieses religionslose Christentum aussieht, welche Gestalt es annimmt, darüber denke ich nun viel nach ... Vielleicht wird hier gerade uns, in der Mitte zwischen Osten und Westen, eine wichtige Aufgabe zufallen."[46]

Mit diesen Überlegungen hat D. Bonhoeffer den entscheidenden Impuls zur Endlösung der Gottesfrage gegeben und die moderne atheistische Theologie herausgefordert. Seine Fragen werden in der amerikanischen „Gott-ist-tot"-Theologie, die ebenso dekadent ist wie die Gesellschaft, aus der sie kommt, endgültig beantwortet.

William Hamilton, ein Hauptvertreter dieser Theologie, bezeichnet sich selbst als einen „harten Radikalen", dem zum Unterschied von den „weichen Radikalen" nicht nur die Form, sondern auch die

Sache der biblischen Botschaft problematisch geworden ist. Sein Weg begann bei K. Barth und führte über D. Bonhoeffer und das Problem des Leidens in der Welt schließlich zur Frage des Todes Gottes, die er in seinem Buch „The new essence of Christianity“ (Das neue Wesen des Christentums) 1961 erstmals aufgreift.[47] Damals verstand er unter der Rede vom Tod Gottes nicht nur den Tod der falschen Gottesbilder — und — -vorstellungen, sondern stellte bereits die Frage, „ob Gott nicht selbst entschwunden ist“. In dieser Phase seiner Theologie war Hamilton noch ein „weicher Radikaler“, der mit dem „Tod Gottes“ nur die Abwesenheit Gottes in der Welt ausdrücken wollte, während er die Hoffnung auf eine Rückkehr Gottes noch nicht radikal ausschloß. Später bekennt er jedoch, „daß wir nicht anbeten . . . , daß war nicht glauben . . . ,“ sondern „versuchen, andere davon zu überzeugen: Gott ist tot! — das heißt der Gott der Vergangenheit . . . , der Erfüller der Nöte und Löser der Probleme“. Am Beispiel der Ödipus-Sage erklärt er, daß nach dem Tod des Vater-Gottes jetzt auch die Mutter-Kirche aus unserer Welt zu verschwinden habe. Der Weg der Christenheit, die in der Reformation das Kloster verlassen habe und in die Welt aufgebrochen sei, dieser Weg der Säkularisierung muß heute radikal zu Ende gegangen werden. Nachdem der Tod Gottes für Hamilton unwiderruflich feststeht, tritt er die Flucht in den Gehorsam gegen Jesus an. Das heißt für ihn: Jesus im Nächsten finden und für den Nächsten Jesus werden. Doch wer ist Jesus, wenn es keinen lebendigen Gott mehr gibt? Jesus tritt an die Stelle Gottes und gibt den Menschen alle notwendigen Orientierungshilfen. Ihm gilt es treu zu sein im

Einsatz für eine bessere Welt. Wenn nun aber mit dem Tod Gottes zwangsläufig der Glaube und die Hoffnung gestorben sind, gibt es dann für die Menschheit ohne Gott noch Hoffnung auf Zukunft?

Hamilton sieht das Problem der Hoffnungslosigkeit und er findet zu deren Überwindung den Glauben an einen „neuen Optimismus", indem er einfach die radikale Theologie zu einer „optimistischen Theologie" erklärt. Er sagt: „Die radikale Theologie ... bezieht sich auf ein neues Gefühl der Hoffnung und des Optimismus im Leben Amerikas heute, auf eine Überzeugung, daß wesentliche Veränderungen im Leben der Menschen gemacht werden können und gemacht werden. Der neue Optimismus versucht, sich zu einem Ja zur Welt des raschen Umbruchs zu erziehen, zu einer Welt der Technologien, der Automation und der Massenmedien ..." Soviel mag genügen. Wir sehen, daß auch Hamilton Gott durch das „Prinzip Hoffnung" ersetzt hat. Doch dürfte sein neuer Optimismus eher einem irrealen Wunschdenken als einer begründeten Hoffnung entspringen. Wer heute noch im Leben Amerikas die Grundlage für einen neuen Optimismus erkennen wollte, könnte nicht mehr ernstgenommen werden. Darf man in diesem Zusammenhang vielleicht die tiefen-psychologisch interessante Frage stellen, ob die amerikanische „Gott-ist-tot"-Theologie nicht so etwas wie eine Verzweiflungstheologie ist, die den gesellschaftlichen, moralischen und politischen Bankrott Amerikas widerspiegelt und ihn auf Gott projiziert? Wenn man bedenkt, daß die Weltmacht Amerika, die vor 200 Jahren von Freimaurern geschaffen wurde und von ihnen bis zur Stunde regiert wird, unaufhaltsam ihrem Untergang entgegengeht, dann ist das Aufkommen einer Art Untergangsstimmung, die sich in einer schon entwurzelten Theologie leicht niederschlagen und in einer totalen Verzweiflung zum Ausdruck bringen kann, durchaus möglich. Hamilton scheint selbst eine Andeutung in dieser Hinsicht zu machen, wenn er in seiner Abhandlung über „Die Gestalt einer radikalen Theologie“[48] tiefgründig bemerkt, daß die persönliche Erfahrung, 40 Jahre alt zu sein und somit nicht mehr viel vor sich zu haben (!), neben den Briefen Bonhoeffers und der Ohnmacht des Christentums wesentlich zu seiner radikalen theologischen Einstellung beigetragen habe. –

Für Paul van Buren, der wie Hamilton 1924 geboren ist und die „Gott-ist-tot“-Theologie noch radikaler vertritt, waren die theologischen Leitideen von K. Barth, R. Bultmann und D. Bonhoeffer sowie die Sprachanalyse von Ludwig Wittgenstein (1889–1951) bestimmend. Wittgenstein war naiv genug, zu glauben, daß er mit seinem 1918 veröffentlichten „Tractatus logico-philosophicus“ alle philosophischen Probleme gelöst habe. In seiner Sprachanalyse, die nur die in sich geschlossene, naturwissenschaftlich erkennbare, empirische Welt des Positivismus als Wirklichkeit voraussetzt und zu deuten versucht, ist für die Frage nach Gott kein Raum. Nach ihm kann die Sprache nur endliche Sachverhalte beschreiben. Diese sind atomare Sachverhalte, die in ihrer Gesamtheit die Wirklichkeit im Ganzen darstellen. Da Gott in dieser Wirklichkeit nicht vorkommt, oder wie Wittgenstein sagt, „sich nicht der Welt offenbart“ (Tr 6,432), kann nicht nach ihm gefragt werden. Eine Frage aber, die es nicht gibt, kann logischerweise auch nicht beantwortet werden. Wittgenstein formuliert das positiv so: „Wenn sich eine Frage überhaupt stellen läßt, so kann sie auch beantwortet werden“ (Tr 6,5). Natürlich gibt es für ihn auch „Unaussprechliches“. Über dieses sagt er: „Wovon man nicht sprechen kann, darüber muß man schweigen“ (Tr 7). Das also ist der Weisheit letzter Schluß, daß man von Gott schweigen muß. Der „Theologe“ van Buren nimmt diesen letzten Schrei einer unsinnigen Philosophie, deren Sätze — wie Wittgenstein selbst sagt — von einem, der ihn versteht, „am Ende als unsinnig“ erkannt werden, so ernst, daß er in seinem Buch „The secular meaning of the Gospel“ (Reden von Gott in der Sprache der Welt, 1963) behauptet, nicht nur Gott, sondern sogar schon das Wort „Gott“ sei tot. Es sei ein sinnloses Wort, weil es keine nachweisbare Wirklichkeit zur Sprache bringe und deshalb in einer Sprache, die von Wirklichem spricht, nicht funktionieren könne.

Von dieser Grundposition ausgehend muß van Buren der Theologie eine neue Ortsbestimmung geben. Sie steht nun nicht mehr im Dienst der Kirche, sondern hat eine kulturelle Aufgabe in der Gesellschaft zu erfüllen. Die zentrale Frage ist dabei für ihn nicht „was Religion sei, noch weniger, was religiöse Wahrheit sei, sondern was die Religion für die Menschen getan hat und was sie heute für sie tun kann“. Die säkulare Gesellschaft fordert vom Christen einen säkularen Glauben. Um vom Christlichen wenigstens noch etwas zu retten, tritt auch van Buren den Rückzug auf Jesus an. Das Wesentliche an Jesus von Nazareth sieht er in dessen Freiheit, die ihn frei machte von aller Furcht und Sorge, frei für den Nächsten bis zum Kreuz. Nach Jesu Tod begann diese Freiheit auf die Jünger überzugreifen, sie wurde „anstekkend", und die Jünger, die an dieser Freiheit teilnahmen und in ihr den letzten Sinn ihrer Geschichte erkannten, verkündigten sie als Evangelium für alle Menschen.

Ein auf Freiheit reduziertes Christentum ist also der letzte Rest des Christlichen bei P. van Buren. Über Gott schweigt er total. Das heißt: Nicht nur irgendwelche traditionellen Gottesbilder sind tot, das Wort „Gott" selbst ist – wie schon gesagt – nicht mehr im Gebrauch. Die Aussage, daß Gott tot ist, wird damit noch überboten. Ausdrücklich betont van Buren: „Heutzutage können wir nicht einmal Nietzsches Ruf, daß Gott tot ist, verstehen, denn wäre dies der Fall, wie könnten wir es wissen? Nein, das Problem ist heute dies, daß das Wort ‚Gott' tot ist." Ob die Atheisten und Antitheisten in der Sowjetunion von dem amerikanischen Theologen van Buren beeinflußt sind, wenn sie sich heute dadurch lächerlich machen, daß sie das Wort „Gott" in Briefen, die durch die Zensur gehen, regelmäßig ausstreichen? Die Parallele mag deutlich machen, mit welcher Totalität die Söhne der Finsternis heute atheistische Propaganda betreiben. Der Gotteshaß der Funktionäre Satans ist nicht mehr damit zufrieden, nur den Glauben an die Existenz Gottes zu vernichten, sie wollen selbst das Wort „Gott" total auslöschen, d. h. es soll nicht nur nicht mehr gesprochen, sondern auch nicht mehr geschrieben werden. Der satanische Haß gegen Gott erreicht damit die äußerste Grenze. Und die Antwort des lebendigen Gottes? Wird er zu alledem schweigen? Nein. Er wird sich der Welt offenbaren in einem Weltgericht, wie es die Weltgeschichte noch nicht erlebt hat. Dieses Gericht kommt von Tag zu Tag näher auf uns zu. „Es ist schrecklich, in die Hände des lebendigen Gottes zu fallen" (Hebr 10,31). —

Der dritte Vertreter der amerikanischen „Gott-ist-tot"-Theologie, der hier noch kurz vorgestellt werden soll, ist Thomas Altizer. In seinem Buch „The Gospel of the Christian Atheism" (Daß Gott tot sei — Versuch eines christlichen Atheismus, Zürich 1969) geht er von der hoffnungslosen Situation der christlichen Theologie aus und fordert eine neue Gestalt des Glaubens. Der neue Glaube soll auf der Erkenntnis beruhen, daß es eine fortschreitende Offenbarung in der Geschichte gibt. Altizer sieht gegenwärtig eine ganz neue Offenbarung im Anbruch, nach der christlicher Glaube nur im Rahmen der radikal diesseitigen Welt durch den „Tod Gottes" hindurch sinnvoll sein kann. Die Botschaft vom Tode Gottes soll als Heilsereignis verstanden und als Evangelium verkündet werden, weil der Tod des christlichen Gottes für die Menschheit Befreiung von einer drückenden Last bedeute. War doch der christliche Gott der Feind menschlicher Leidenschaft und Lebensfülle. Der Tod Gottes, sein Verschwinden aus der Geschichte und dem Glauben ist auch für Altizer ein unwiderrufliches Ereignis. Der radikale Christ und Theologe muß dies akzeptieren, selbst wenn er damit seine Theologie und ihre geschichtliche Gestalt verneinen muß. Der radikale Christ ist kein Reformer, sondern ein Revolutionär.

Der Horizont dieses neuen Glaubens liegt wieder in der Zukunft, in der Erwartung des „Reiches“, in dem alle Gegensätze wie Gott und Welt, Sakral und Profan zusammenfallen. Gott stirbt in seiner ursprünglichen, jenseitigen Form ab und wird ganz Fleisch im Wort oder Leib Jesu „und hört damit auf, als der Gott der allein Gott ist, gegenwärtig und wirklich zu sein“. Der Prozeß der Verneinung Gottes betrifft, wie Th. Altizer schreibt, nicht nur einen „falschen Gott“, sondern vielmehr den Gott, den wir selbst anbeten, sofern wir in der Vergangenheit leben, der sterben muß, um einen neuen Glauben zu ermöglichen, der in der Gegenwart leben kann ... Gerade weil wir die Erben einer Geschichte sind, in der Gott wirklich gegenwärtig war, müssen wir die konkrete Wirklichkeit von Gottes Rückzug aus unserer Zeit weitersagen ... Bisher war der Theologe nicht in der Lage, klar vom Tod Gottes zu reden ... Nun, da wir gelernt haben, daß wir nicht mehr von Gott reden können, müssen wir lernen, von der Wirklichkeit seines Todes zu reden ... Ein theologischer Satz, der den Tod Gottes verkündigt, muß bedeuten, daß Gott im Wort des Glaubens nicht mehr gegenwärtig ist ... Wir Christen sind aufgerufen, nur Christus die Treue zu halten ... und darum sollten wir schon vorbereitet sein auf die Erscheinung Christi ohne Gott ... Gerade dadurch, daß wir in Freiheit den Tod Gottes wollen, können wir unserer Zeit gegenüber offen sein und offen sein für den Christus, der immer gegenwärtig ist, für das Wort, das mit unserem

Fleisch eins wurde. Nur der Christ kann den Tod Gottes wahrhaftig verkünden".[49]

Die „Gott-ist-tot"-Theologie, die wir hier als radikale Theologie kennengelernt haben, ist keineswegs als geschlossene Einheit vorzufinden. Andere amerikanische Theologen wie etwa Harvey Cox und Gabriel Vahanian, der 1961 ein Buch mit dem Titel „The Death of God" (Der Tod Gottes) herausgab und dadurch entscheidend zum Aufkommen des Schlagwortes vom „Tod Gottes" beigetragen hat, sprechen zwar auch vom Tod Gottes, verstehen diesen jedoch nicht im atheistischen Sinn, sondern lediglich als Überwindung der nach ihrer Meinung falschen Gottesbilder, zu denen freilich — leider auch — die manchmal mißverstandene Vorstellung vom Gott des traditionellen christlichen Glaubens gehört.

Auch der anglikanische Suffraganbischof von Woolwich, John Robinson, der mit seinem Buch „Honest to God" — „Gott ist anders" weltweites Aufsehen erregte, ist jenen „Gott-ist-tot"-Theologen zuzurechnen, die den traditionellen Gottesglauben, oder wie Robinson sagt, das „Image" des bisher geglaubten Gottes radikal verändern und der Mentalität des „modernen Menschen", der mit dem alten Gott nichts mehr anfangen kann, anpassen wollen. Da Robinsons Buch nur die theologischen Gedanken von R. Bultmann, P. Tillich und D. Bonhoeffer popularisiert, brauchen wir hier nicht mehr näher darauf einzugehen.

Daß die „Gott-ist-tot"-Theologie auch in Deutschland zahlreiche Anhänger gefunden hat, ist kein

Geheimnis mehr. In ihrer radikalsten Form wird sie bei uns z. B. von Dorothee Sölle vertreten. Ihr 1965 veröffentlichtes Buch „Stellvertretung“ trägt den bezeichnenden Untertitel „Ein Kapitel Theologie nach dem Tode Gottes“. Sie hat auch eine Aufsatzsammlung unter dem Titel „Atheistisch an Gott glauben“ herausgegeben und ihr atheistisches Glaubensbekenntnis in dem 1969 erschienenen Aufsatz „Gibt es ein atheistisches Christentum?“ zusammengefaßt.[50] Hier schreibt sie: „Authentisch christliches Verhalten ist heute praktisch atheistisches Verhalten ... Wenn Christus heute wiederkäme, wäre er Atheist ... Theistisches Verhalten wartet auf Gottes Eingreifen, darin ist es antichristlich.“ Im Anschluß an Antony Flews „Parabel vom Gärtner, den es gar nicht gibt“,[51] sieht D. Sölle die wichtigste Aufgabe des heutigen Christen in der politischen Aktion. Da es Gott als Gärtner der Welt nicht gibt, ist es unsere Sache, „was aus dem Garten der Welt wird“. Wie Christus, der nicht zu Gott betete, sondern sich selbst und dem Nächsten half, worin Frau Sölle den „Entwurf Christi“ oder das „Ethos Christi“ zu erkennen glaubt, soll auch der Christ die wahre Liebe, die bei Jesus politisches Handeln gewesen sei, im politischen Engagement verwirklichen. Die Hauptinitiatorin des „Politischen Nachtgebetes“ erwartet von einem sozialrevolutionären christlichen Atheismus, der sich nur noch dem Namen nach von den verschiedenen Spielarten des linksrevolutionären neomarxistischen Humanismus unterscheiden dürfte, die wirksame Bekämpfung und Beseitigung der beklagenswerten „elenden Zustände“ in der heutigen Welt. Das genaue Gegenteil jedoch ist als Frucht des Humanismus ohne Gott nach dem Aufweis unserer neuesten Geschichte festzustellen. Nur Schwachsinnige oder blinde Ideologen können heute noch daran glauben, daß irgendein gottloser Humanismus eine bessere, menschenwürdigere Welt aufzubauen vermag. Er wird vielmehr die „elenden Zustände" noch verschlimmern und auf die ganze Welt ausdehnen. Wenn nämlich die geplante Weltregierung in der One World eines Tages Wirklichkeit werden sollte, wird statt eines universalen Humanismus eine totale weltweite Unfreiheit und Unmenschlichkeit die Menschheit tyrannisieren. Unzählige Millionen Menschen sind in unserem blutigen Jahrhundert bereits dem humanistischen Wahnsinn geopfert worden und eine noch schrecklichere Massenvernichtung wird in der Zukunft die Folge des atheistischen und autonomen Humanismus sein.

Der lebendige Gott der Offenbarung, der dreipersönliche (trinitarische) Gott: der Vater, der Sohn und der Heilige Geist, wird den Untergang der Humanität überleben. Seine Zeugen aber werden in der Letztzeit zu einer immer kleiner werdenden Minderheit zusammenschrumpfen und überall auf der Welt dem tödlichen Haß der dämonischen Mächte und ihrer irdischen Funktionäre ausgesetzt sein. Denn am Ende unserer Geschichte wird die Weltherrschaft Satans und seiner Elite ihren Höhepunkt erreichen und die gesamte Menschheit versklaven. Für die Zeugen des lebendigen Gottes wird dann die ganze Welt zum Archipel Gulag. Sie werden, wie die Christen der ersten Jahrhunderte, ihrem Gott unter der Erde begegnen, wie der erleuchtete Russe F. M. Dostojewskij in einer prophetischen Vision angedeutet hat. In seinem Roman „Die Brüder Karamasow" läßt er Mitja Karamasow einen Tag vor seiner Verbannung nach Sibirien zu Aljoscha sagen: „Wenn man Gott von der Erdoberfläche verjagt, werden wir ihn dort unter der Erde willkommen heißen ... Und dann werden wir ... aus den Eingeweiden der Erde unserem Gott eine tragische Hymne singen, aus der Erde hervor unserem Gott, bei dem die Freude ist. Es lebe Gott und es lebe seine Freude! — Ich liebe dich, Gott!" —

## 2. Der neue Glaube Teilhard de Chardins

Wer nach den geistigen Ursachen der gegenwärtigen Finsternis innerhalb der katholischen Theologie fragt, muß zuerst von der Ideologie Teilhard de Chardins reden.[52] Kaum jemand hat nämlich zur Verunsicherung und Verwirrung der katholischen Theologie und zu der daraus folgenden Verfälschung des katholischen Glaubens mehr beigetragen als dieser Jesuitenpater, der, wie wir wissen, nicht nur geistig, sondern auch formal der Freimauerei angehörte. Über die Bedeutung von Teilhards Theologie schreibt N. M. Wildiers, der ebenfalls — zumindest innerlich — der Freimauerei eng verbunden ist: „Selten ist in der Geschichte der Theologie das Denken eines Autors innerhalb so weniger Jahre Thema so zahlreicher und häufig leidenschaftlicher Untersuchungen und Diskussionen gewesen — was um so bemerkenswerter ist, als der Autor selbst sich keineswegs als ein Theologe ausgab und seine Schriften auf diesem Gebiet eher als bloße Vorschläge ansah. Die Zahl und die Qualität dieser Untersuchungen von manchmal recht divergierender geistiger Grundhaltung zeigen mit Evidenz, wie sehr dieses Denken die Aufmerksamkeit der Theologen gefesselt hat und in welch außergewöhnlichem Maße es die theologische Reflexion unserer Zeit anregt ...

Um einen Autor recht zu verstehen, genügt es nicht, die verschiedenen Punkte der Lehre zu prüfen, die er uns vorlegt. Vor allem muß man sich über das Problem möglichst klar werden, zu dem diese Lehre eine Lösung liefern soll. Welches ist also die zentrale Fragestellung, auf die Teilhard eine Antwort geben wollte, das Problem, das in der Mitte all seines theologischen Denkens steht? Ohne jeden Zweifel — und in diesem Punkte scheint Übereinstimmung zu herrschen — war das zentrale Problem Teilhards das, was man in unseren Tagen allgemein mit dem Terminus Säkularisation bezeichnet. Der von Teilhard benutzte Terminus ‚Religion der Erde' (‚Der Gott des voran') und die den heutigen Theologen liebe Säkularisation bezeichnen nämlich dieselbe ideologische und soziologische Wirklichkeit." Wildiers unterscheidet dann „um der größeren Klarheit willen" zwischen Säkularität, Säkularisation und Säkularismus. Unter *Säkularität* versteht er „im allgemeinen die Anerkennung des Eigenwertes der Erde und des irdischen Tuns des Menschen — ein menschliches Tun, dessen wichtigsten Teil in unseren Tagen die Wissenschaft, die Technik und die Organisation der Gesellschaft bilden". Mit *Säkularisation* bezeichnet er „den historischen und soziologischen Prozeß, der zu dieser Einsicht führt und der durch eine fortschreitende Befreiung des Menschen in seinem wissenschaftlichen und politischen Tun von jeglichem Eingriff der Theologie und der Metaphysik charakterisiert ist". Unter *Säkularismus* schließlich soll „jegliche Haltung oder jegliche Lehre verstanden werden, die in ausschließlicher Weise die Werte des irdischen Lebens preist auf Kosten jeglichen religiösen oder metaphysischen Anliegens".[53]

Wir nehmen diese Unterscheidung zur Kenntnis und fragen „um der größeren Klarheit willen": Kann zwischen den hier definierten Begriffen Säkularisation und Säkularismus überhaupt ein wesentlicher Unterschied bestehen, wo doch die Säkularisation darauf abzielt, den Menschen von jedem überirdischen (metaphysischen und theologischen) Einfluß fortschreitend zu „befreien"? Säkularisation kann also unmöglich zur sog. Säkularität führen. Sie muß vielmehr im Säkularismus enden, weil sie im Prinzip und im Ziel mit diesem identisch ist. Säkularisation und Säkularismus lassen per definitionem nur die Anerkennung der irdischen Wirklichkeit zu. Tatsächlich ist der Zielpunkt der fortschreitenden („progressiven") Säkularisation nicht die Anerkennung des Eigenwertes der Erde und des irdischen Tuns des Menschen," wie Wildiers „Säkularität" beschreibt, sondern die ausschließliche Verherrlichung der „Werte des irdischen Lebens" im sog. Säkularismus. Durch seine begriffliche Unterscheidung hat also der Theologe und Teilhardinterpret Wildiers „um der größeren Klarheit willen" in Wirklichkeit eine Unklarheit konstruiert, ein Vorgehen, das er von seinem Meister gelernt haben dürfte. Denn die Unklarheit ist für Teilhards gesamtes Schrifttum charakteristisch, wie wir später sehen werden. Teilhards konfuse Phantasie versucht immer wieder Unvereinbares zu vereinen und weil das sachlich nicht gelingen kann, muß er Zuflucht zu einer definitorischen Vernebelungstaktik nehmen, die mit unsauberen Methoden arbeitet, um scheinbar Probleme lösen zu können, die in Wirklichkeit unlösbar sind. Das ist wohl der Hauptgrund, weshalb Teilhards System von vielen nicht verstanden wird. Unklare und verschwommene Formulierungen mit logischen und sachlichen Widersprüchen vermischt, öffnen der Mehrdeutigkeit Tür und Tor und bieten der emotional geladenen Propaganda gewisser Ideologen die Möglichkeit, die geplante geistige Verwirrung auf breiter Ebene gerade dort hervorzurufen, wo man eine bestimmte geistige Einheitsfront gezielt aufbrechen und zerstören will.

Daß Teilhard und seine Ideologie tatsächlich Bestandteil und Instrument einer weltumspannenden antichristlichen bzw. antikatholischen Strategie sind, werden wir nachher zeigen. Jedenfalls muß unter diesen Umständen Teilhards Evolutionismus nach wie vor umstritten sein und in der Sicht des überlieferten christlichen Glaubens als mit diesem Glauben absolut unvereinbar bezeichnet werden. Wenn Wildiers meint, daß Teilhard dem theologischen Problem der Säkularität eine wirklich christliche Lösung „in voller Übereinstimmung mit den traditionellen Gegegebenheiten des Glaubens gab",[54] so kann davon überhaupt nicht die Rede sein. Auch E. Rideau täuscht sich sehr und interpretiert Teilhards theologische Thesen sicher falsch, wenn er schreibt: „Gegen Teilhards Theologie gibt es, trotz manchem was man gesagt hat, keine grundsätzlichen Einwände. Selbst in seinen kühnsten Gedanken unterzieht sich Teilhard äußerster Sorgfalt, jeden Irrtum zu vermeiden und den Gehalt der Dogmen zu bewahren."[55] Wer so urteilt, kennt entweder Teilhards Gedanken oder die katholischen Dogmen nicht, oder er versteht von beiden nicht viel. Ebenso bedenklich scheint eine Behauptung des Jesuitengenerals P. Arrupe zu sein, der gesagt haben soll: „Die Bilanz des Wirkens von Teilhard ist positiv; er ist einer der großen Denker unserer Zeit."[56] Daß Teilhard de Chardin ein großer, in gewissem Sinn vielleicht sogar ein genialer Mensch war, wird niemand bestreiten, der seine Geschichte und sein Werk einigermaßen kennt. Doch ein großer *Denker* war Teilhard mit Sicherheit nicht. Seine Genialität liegt nicht im Bereich des Denkens, sondern in dem der Phantasie; in einer außergewöhnlichen Begabung zur mythologischen Dichtung; in der meisterlichen Kunst, Begriffskonstruktionen mit faszinierendem Pathos zu einem geschlossenen, wenn auch unlogischen System zusammenzukombinieren. Was damit gemeint ist, hat J. Maritain treffend auf die kurze Formel gebracht: „Mit Teilhards Doktrin befinden wir uns im Bereich der ‚Großen Fabel'."[57]

Ähnlich urteilt E. Gilson: „Teilhards Theologie ist eine Art christlicher Gnosis, und wie alle ihre Formen von Markion bis in unsere Tage, ist sie eine ‚theology-fiction'."[58] eine theologische Fiktion also, d. h. eine theologische Dichtung bzw. Erdichtung. Der Sprachwissenschaftler A. Drexel sieht in der Zukunftsvision des Teilhardschen Panevolutionismus „die größte Utopie der Geschichte".[59] An diesem Punkt melden sogar manche Freunde Teilhards deutliche Kritik an. So schreckt z. B. E. Rideau nicht davor zurück, „die Teilhardsche Vision der Geschichte als einen Mythos zu bezeichnen" und betont, daß sich „für die Zukunft des Menschen weder philosophische noch naturwissenschaftliche Prognosen aufstellen lassen, denn vor dem Geheimnis der Freiheit müssen Geschichtswissenschaft und Geschichtsphilosophie verstummen".[60]

Teilhard versteht sich selbst als Naturwissenschaftler und nicht eigentlich als Theologe. Wie urteilen nun seine „Fachkollegen" über seine wissenschaftliche Qualifikation? Teilhard ist auch in diesem Kreis umstritten. Es gibt hervorragende Forscher und Gelehrte, die Teilhard nicht als Wissenschaftler anerkennen. So hat der bekannte französische Biologe Jean Rostand behauptet, daß „Teilhard kein Biologe ist; er hat weder die Ausbildung, noch die Kenntnisse, noch den Geist eines Biologen ... Er ignoriert systematisch die Embryologie". Der englische Anatom und Zoologe Peter Bryan Medawar, der 1960 den Nobelpreis für Medizin erhielt, spricht von geistiger Verwirrung bei Teilhard, dessen übertriebene Ausdrucksweise auf Hysterie schließen lasse. Über Teilhards Werk „Le Phénomene humaine" (Der Mensch im Kosmos) schreibt Medawar: „Teilhard praktiziert eine unexakte Wissenschaft und hat darin eine gewisse Geschicklichkeit erreicht. Er hat keine Ahnung, was ein logisches Argument ist und was ein Beweis. Er wahrt nicht einmal die herkömmlichen Formen wissenschaftlicher Schriftstellerei, obgleich er sein Buch ausdrücklich als wissenschaftliche Abhandlung bezeichnet ... Ich habe Teilhards Buch mit wirklicher Pein, um nicht zu sagen, mit Verzweiflung gelesen und durchgearbeitet. Anstatt über die Lage des Menschen im allgemeinen die Hände zu ringen, sollten wir lieber unsere Aufmerksamkeit dem zuwenden, was reparabel ist: vor allem der Leichtgläubigkeit, mit der die Leser ein solches Täuschungsmanöver hinnehmen ..."

Der Anthropologe und Zoologe Gerhard Heberer, der durch seine Werke über die Allgemeine Abstammungslehre und Evolutionsforschung hervorgetreten und bekannt geworden ist, gab 1965 — zehn Jahre nach Teilhards Tod — folgende Erklärung über Teilhard und dessen wissenschaftliche Qualifikation ab: „Pater Teilhard de Chardin lernte ich zuerst durch eine Veröffentlichung über die Steingeräte aus dem ‚Sinantropus' (= Homo erectus pekinensis) – Fundort von Choukoutien (seit 1927) kennen, die einen guten Eindruck auf mich machte und mich außerordentlich interessierte. Teilhard de Chardin ist mir dann durch verschiedene paläontologische Fachveröffentlichungen als Spezialkenner fossiler Säugetiergruppen bekannt geworden. Zweifellos leistete er gute Feldarbeit, aber es bestand kein Anlaß, ihn für einen Forscher zu halten, der seine Kollegen in auffallender Weise überragte. Erst das Studium allgemeiner Schriften über die Probleme der Evolution und der Hominiden-Phylogenie zeigte ein theoretisches Gefüge, in welchem das Faktenmaterial eingebettet dargestellt wurde, das methodisch derart abwegig – spekulativ, bis zum Abgleiten in mystifizierend – religiöse Regionen, erschien, daß ich längere Zeit darauf verzichtete, mich weiter mit dem Autor zu beschäftigen, denn hier war der Boden des naturwissenschaftlich Erfaßbaren weithin verlassen worden! Im Laufe der gegenwärtigen Teilhard de Chardin-Welle habe ich dann versucht, mir weitere Kenntnisse über ihn zu verschaffen, um in Diskussionen mich nicht nur als unbelehrbar, sondern als durchaus im Bilde befindlich zu erweisen. Ich sah allerdings von der Methode her keinen Zugang zu dem geradezu glorifizierten Werk Teilhard de Chardins. Ich persönlich halte es für nicht richtig, wenn ein Paläontologe, von dem verbreitet wird, daß sein Name zu den führenden gehöre, für den angeblichen Wahrheitsgehalt seines spekulativ-mystischen Systems in Anspruch genommen wird. Dies ist weithin geschehen und geschieht immer weiter! Eine leicht emotional beeinflußbare Öffentlichkeit ist dieser Diskussion mehr oder weniger hilflos ausgeliefert und sieht nicht die, man möchte sagen, *unerhörte* Mischung von Wissenschaft und Phantasie. Es soll damit nichts gegen die Konsequenz und Geschlossenheit des von Teilhard de Chardin aufgebauten subjektiven Weltbildes und seines philosophisch-mystischen Systems (in dem übrigens vieles durchaus nicht als originell bezeichnet werden kann — vgl. etwa die ‚monistischen' Grundthesen Teilhard de Chardins) gesagt sein. Daß mit diesem System die Strukturen dieser Welt richtig erkannt worden sind, wie das vielfach unterstellt wird, ist für einen Vertreter der bescheidenen Naturwissenschaften unmöglich anzunehmen. Aus diesem Grunde hatte es der Verfasser dieser Zeilen nicht im Rahmen seiner Möglichkeiten gefunden, der Aufforderung Folge zu leisten, in das Patronats-Komitee für die deutschsprachige Herausgabe der Werke Teilhard de Chardins (Walter Verlag, Olten und Freiburg i. B.) einzutreten."[61]

Im Gegensatz dazu wird die Bedeutung Teilhards von manchen seiner enthusiastischen Anhänger maßlos übertrieben und hochgespielt. So „verdient es" Pater Teilhard nach dem Paläontologen Jean Piveteau, „als einer der größten Geister, die es je gegeben hat, betrachtet zu werden". Der Neurophysiologe Paul Chauchard feiert Teilhard als „genialen Vorläufer, der in seiner Sprache die großen Linien eines authentischen wissenschaftlichen Weltbildes vorzeichnet, das dasjenige von morgen sein wird, wobei er zeigt, daß es keineswegs, wie man meinen könnte, im philosophischen Sinn materialistisch ist, sondern mit dem Glauben übereinstimmt".[62] Fast wie billiger Spott auf den großen Aquinaten wirkt es, wenn Friedrich Heer Teilhard zum „Thomas des 20. Jahrhunderts" erklärt. Die Lobredner Teilhards und seines evolutionistischen Weltbildes, in dem Wissenschaft und Glauben angeblich versöhnt sein sollen, gehen mindestens von zwei falschen Voraussetzungen aus. Denn erstens war Teilhard weder ein herausragender Naturwissenschaftler, noch ein großer Theologe, der zur Schaffung einer solchen Synthese befähigt gewesen wäre. Zweitens sind Teilhards wesentliche Ideen nicht neu. Darauf hat vor allem der evangelische Theologe und Religionswissenschaftler Ernst Benz (Marburg) aufmerksam gemacht.[63] Ohne Zweifel wird Teilhards naturwissenschaftliche Leistung vielfach überschätzt. Das kann man u. a. daran erkennen, daß in dem dreibändigen Sammelwerk „Evolution after Darwin", das anläßlich des 100jährigen Jubiläums von Darwins Hauptwerk (1859) von führenden Anthropologen und Biologen der ganzen Welt herausgebracht wurde, der Name Teilhard de Chardin in keiner einzigen der naturwissenschaftlichen Abhandlungen vorkommt, die sich mit der Evolution im allgemeinen und der Herkunft und Entwicklung des Menschen im besonderen befassen. Dieser Tatbestand scheint die radikale Kritik jener Naturwissenschaftler zu bestätigen, die Teilhards naturwissenschaftliche Qualifikation in Frage stellen oder leugnen. Wenn nun aber Teilhard „es unternommen hat, sich als Theologe mit der Evolutionslehre auseinanderzusetzen und eine neue Zusammenschau naturwissenschaftlicher und theologischer Erkenntnisse zu entwickeln, so ist er auf europäischem Boden ein Spätling und Nachzügler, der auf dem Boden des Kontinents im Bereich der katholischen Theologie eine Aufgabe nachholt, die von der angelsächsischen und nordamerikanischen Theologie bereits unmittelbar im Anschluß an das Auftreten Darwins und der von Darwin beeinflußten Naturwissenschaftler und Philosophen, vor allem aber in den drei letzten Jahrzehnten des vergangenen Jahrhunderts mit aller Sorgfalt und Gründlichkeit wahrgenommen und auch von der deutschen protestantischen Theologie bereits seit Beginn des 20. Jahrhunderts systematisch behandelt wurde. Es gibt keine einzige der Ideen Teilhards, die nicht ... in der theologischen Diskussion der Wende vom 19. zum 20. Jahrhundert zur Sprache gekommen wäre".[64] Trotz dieses Urteils schließt E. Benz einige aktuelle Besonderheiten der Teilhardschen Theorie natürlich nicht aus.

Treten wir nun etwas näher an Teilhard selbst heran und fragen wir ihn, was er eigentlich gewollt und worin er seinen persönlichen, ureigensten Auftrag als Forscher und Priester gesehen hat. Die Frage ist notwendig, weil Teilhard tatsächlich von einem außergewöhnlichen Sendungsbewußtsein erfüllt war. Pater Teilhard, der im Alter von 34 Jahren ohne Vorbereitung in den Krieg eintrat, schreibt in „Le Pretre", einer Schrift, die 1918 an der Front entstand: *„Weil ich Priester bin,* will ich — im Rahmen meiner Kräfte — von nun an der erste sein, wenn es gilt, zu erfahren, was die Welt liebt, verfolgt und leidet; der erste, wenn es gilt zu forschen, mitzufühlen und sich abzumühen; der erste, sich zu entfalten und sich zu opfern — ich will in weiterem Sinne Mensch und in edlerem Sinne Erdenbewohner sein als irgendwelcher Diener dieser Welt. Ich will einerseits in die Dinge eintauchen, und wenn ich mich mit ihnen vereinige, durch die Herrschaft über sie noch das letzte Teilchen ewigen Lebens aus ihnen herausholen, das in ihnen liegt — damit nichts verlorengeht. Ich will gleichzeitig durch die Befolgung der Evangelischen Räte im Verzicht all das wiedergewinnen, was die dreifache Begierde an himmlischer Flamme in sich schließt, ich will die Kraft, die in der Liebe, im Gold und in der Unabhängigkeit eingeschlossen ist, in Keuschheit, Armut und Gehorsam heiligen. Deshalb habe ich meine Gelübde, mein Priesteramt in den Geist einer Bejahung und Vergöttlichung der Kräfte dieser Erde gekleidet (darin liegen meine Kraft und mein Glück . . .").[65]

Eine Analyse dieser programmatischen Sätze zeigt zunächst das elitäre Bewußtsein Teilhards in auffallender Weise. In dreifacher Wendung erklärt er seine Absicht und das Bemühen, *der erste* zu sein. Er will ein edlerer Erdenbewohner sein als irgendein anderer „Diener dieser Welt". Hier klingt schon etwas von seiner neuen „Religion der Erde" an, die er mit der „Religion des Himmels" in Übereinstimmung bringen will. Bemerkenswert ist auch, daß dieser Gottesmann sich nicht als Diener Gottes, sondern als „Diener dieser Welt" versteht, der das „ewige Leben" in den Dingen der Welt sieht, aus denen er es herausholen will, eine Idee, die mit dem übernatürlichen göttlichen Gnadengeschenk des ewigen Lebens absolut unvereinbar ist. Die konfuse

Phantasie dieses „Denkers“ tritt noch deutlicher hervor, wenn er von der „himmlischen Flamme“ spricht, die in der widergöttlichen „dreifachen Begierde“ eingeschlossen sein soll. Nicht weniger verwirrend ist die pantheistisch klingende Formulierung von der „Vergöttlichung der Kräfte dieser Erde“. Die Verwirrung in dieser Frage wird von Teilhard schließlich noch weiter getrieben, wenn er sich an anderer Stelle gegen den Vorwurf, Pantheist zu sein, dadurch verteidigt, daß er den krampfhaften Versuch macht, einen „christlichen Pantheismus“ zusammenzuphantasieren und diesen gegen nichtchristliche Formen des Pantheismus abzugrenzen und zu rechtfertigen.[66] Freilich ist es im Sinne einer wissenschaftlichen Redlichkeit notwendig, verschiedene Ausformungen des Pantheismus zu unterscheiden. Es ist aber schlechthin denkunmöglich, von einem „christlichen Pantheismus“ zu sprechen. Ebenso absurd ist der Teilhardsche Begriff eines „marxistischen Gottes“, den er mit dem „christlichen Gott“ versöhnen will.

Maguerite Teillard-Chambon (Claude Aragonnés), seine Base, der er während des ersten Weltkrieges zahlreiche Briefe schrieb, bemerkt, daß die Kriegszeit für Teilhard keine verlorene Zeit war. Vielmehr „war diese Zeit des Stillstehens für ihn günstig. Er konnte endlich einen Schatz von glühenden Visionen zutage fördern, der nach Ausdruck verlangte. Er mußte diesen Schatz vor dem Tode heben, das heißt auf der Stelle, denn der Tod konnte schon morgen herantreten. Die blendende Gegenwart, die ihm bereits ‚vor seinem zehnten Lebensjahr‘ durch die unermeßliche Schöpfung hindurch offenbar geworden war, rief ihn. Diesen Gott, der in der Welt verborgen war..., mußte man besser sehen lernen, um ihn andere sehen zu lehren... Dafür allein lohnte es sich zu leben... Als er mir im Jahre 1916 seine erste Schrift zusandte, La Vie cosmique, kündigte er mir sie an als ‚Mon testament d'intellectuel – Mein Testament eines Intellektuellen'. Er vermutete, daß dieses sein erstes Werk sein einziges bleiben könnte, und er wollte, daß es bewahrt würde. Alle vier Kriegsjahre hindurch schickt er die Essays, die nacheinander folgen, mit dem gleichen Gedanken ins Hinterland... Er ist ... überzeugt, daß das Licht, das er erblicken durfte, weitergegeben werden mußte. In diesem Punkt hat er sein ganzes Leben lang seine Meinung nicht geändert". Charakteristisch für den Visionär Teilhard de Chardin ist sein Wort: „Soweit ich mich an mich erinnere, habe ich stets nach vorwärts gespannt gelebt."[67]

In einem Brief an Maguerite schreibt Teilhard am 4. Juli 1915: „Wir leiden voller Ungeduld darunter, *zu etwas Unbekanntem, Neuem unterwegs* zu sein..." (S. 66). Am 20. September 1915 schreibt er Maguerite, daß er oft betet und Gott sehr darum bittet, „er möge uns gemeinsam an seinem Reich arbeiten und einander helfen lassen, ihn mehr zu lieben" (S 82). Und am 7. Oktober 1915 schreibt er seiner Base: „Opfern wir Gott unser Dasein auf... Gebe Gott, daß wir bis zuletzt seine Arbeiter bleiben" (S. 85).

In einem Brief vom 2. Februar 1916 kommt erstmals sein großes Anliegen deutlich zum Ausdruck: „Es muß meiner Meinung nach tatsächlich eine gesunde Aussöhnung geschaffen werden zwischen Gott und der Welt, zwischen den entsagenden Bestrebungen des Christentums und denen der unausrottbaren Leidenschaft, die uns durch und durch erzittern läßt, wenn wir etwas von der Seele des großen Alls verspüren, dessen unleugbarer Teil wir sind. Aber meine Gedanken irren noch – gleich einem Schwarm wilder Enten, der über der Allier kreist – über die weiten Horizonte, die diese ehrgeizigen Ziele im Geist und im Herzen wachrufen, ohne noch den genauen Mittelpunkt zu finden, in dem sie sich niederlassen." (S. 110). Im übrigen irren Teilhards Gedanken unendlich weit von der Wirklichkeit ab, wenn er die Auffassung Marguerites teilt, die im heiligen Paulus „den sichersten Theoretiker eines gewissen christlichen Pantheismus" sieht. Am 9. April 1916 schreibt Teilhard: „Wir, die wir glauben, wir haben die Kraft und den Stolz, unter unserem Glauben an die Welt den Glauben an Gott zu haben: und dieser tritt hervor und bleibt, selbst wenn jener unter der Einwirkung gewisser Erfahrungen zu Fall käme" (S. 117). Allem Anschein nach steht hier Teilhards Glaube an Gott im Rang *unter* dem Glauben an die Welt. Nicht klar genug ist dabei, welcher Glaube in jedem Fall für Teilhard der bleibende ist. Sollte es hier sein Glaube an Gott sein, so ist es 1934 eindeutig der Glaube an die Welt, der alles überdauert. In seinem Glaubensbekenntnis aus diesem Jahr erklärt nämlich Teilhard feierlich: „Wenn ich infolge eines inneren Umschlagens nacheinander meinen Glauben an Christus, meinen Glauben an einen personalen Gott, meinen Glauben an den Geist verlöre, so scheint mir, ich würde unbezwinglich weiter *an die Welt glauben*. Die Welt (der Wert, die Unfehlbarkeit und die Güte der

Welt), sie ist letzten Endes das erste, das letzte und das einzige, an das ich glaube. Aus diesem Glauben lebe ich. Und diesem Glauben werde ich mich, das spüre ich, im Augenblick des Todes über alle Zweifel hinweg überlassen."[68]

Mehrfach bringt Teilhard die Überzeugung zum Ausdruck, daß es notwendig ist, „auf dem Boden einer aufrichtigen Liebe zum natürlichen Fortschritt die Ansprüche und die Absolutismen der Gläubigen und der Ungläubigen miteinander in Einklang zu bringen".[69]

Mit anderen Worten wiederholt er am 2. April 1929 in einem Brief an Valensin die gleiche Erkenntnis und sieht jetzt seine einzige Stärke und seine „Berufung" darin, „die Liebe zur Welt und die zur Kirche *zur Synthese zu bringen*". Bereits am 31. Dezember 1926 schreibt er, daß er sich „unserem Herrn jederzeit als eine Art Versuchsfeld angeboten habe, damit er darauf im kleinen die Verschmelzung der beiden großen Erscheinungsweisen der Liebe, der Liebe zu Gott und der Liebe zur Welt, bewirke — eine Verschmelzung, ohne die meiner Überzeugung nach kein Reich Gottes möglich ist". H. de Lubac sieht hierin zu Recht den Grundzug von Teilhards Lebensprogramm.[70]

Teilhard will ein *Pionier* Gottes sein und er fragt: „Kann Gott es übrigens zulassen, daß diejenigen sich von ihm trennen, die ohne persönlichen Stolz und ohne persönlichen Ehrgeiz, aus Liebe zur Kirche und zur Wahrheit, ihm unbegrenzt vertrauend und seinen göttlichen Willen allem anderen vorziehend, ‚Pioniere' zu sein versuchen?"[71]

Im Hinblick auf die Erfüllung des Willens Gottes macht Teilhard in einem Brief vom 5. Dezember 1916 an Maguerite eine ebenso aufschlußreiche wie ehrliche Bemerkung, wenn er schreibt, „daß er bei all seinen Bemühungen wirklich den leidenschaftlichen Wunsch hatte, den Willen Gottes zu verwirklichen — wenn auch vielleicht nicht immer auf eine recht christliche Weise, wie es notwendig gewesen wäre".[72]

Eine schwere Prüfung war für ihn die ständige Ablehnung seiner theologischen Schriften seitens der kirchlichen Obrigkeit, die in keinem Fall eine Druckerlaubnis erteilte. Enttäuscht schreibt er am 23. Dezember 1916: „Bei all dem sehe ich kaum, wie meine Ideen anders das Licht der Welt erblicken werden als im Gespräch oder in Form von Manuskripten, die unter der Hand herumgereicht werden. Der Wille des Herrn geschehe. Ich bin entschlossen, meinen Weg geradeaus weiterzugehen, weil ich mir selber treu sein muß — um wahr zu sein . . ."[73] Am 9. Januar 1917 bekennt Teilhard, daß seine „Vorliebe für die Erde recht seltsam und auf den ersten Blick recht antichristlich ist. Aber gerade weil ich diesen heidnischen Seelengrund so stark empfinde, fühle ich mich besser gerüstet, um in Kenntnis der Sache (von gleich zu gleich) mit den Anbetern der Welt zu sprechen — auch sicherer der möglichen Verbindungen und der Quasi-Versöhnung zwischen zwei Leidenschaften, die ich tatsächlich in mir etwas zu verbinden glaube und die ich jedenfalls erfahre: jene für die Welt und jene für Gott".[74]

Die Entstehungsgeschichte seiner Gedankenwelt läßt sich klar verfolgen, wenn man die Aussagen in seinen Kriegsbriefen mit seinen späteren Äußerungen und Schriften vergleicht.

Am Beispiel seiner neuen Christologie tritt das besonders deutlich hervor. Es geht ihm dabei, wie er in einem Brief vom 1. September 1926 aus Tientsin schreibt, um das „Offenbarwerden eines größeren Christus".[75] Im Jahre 1933 formuliert Teilhard das christologische Problem mit den Worten: „Was muß aus unserer Christologie werden, damit sie in einer neuen Welt sie selbst bleibt?" Nach seiner Ansicht muß die bisherige Lehre von Christus einer Korrektur insofern unterzogen werden, als „Christologie und Evolution in Einklang zu bringen" sind. Um dies zu erreichen, muß zunächst die traditionelle Lehre von der Erlösung geändert werden. In der neuen Erlösungstheorie wie sie der Evolutionist Teilhard versteht, „hört das Übel ... auf, ein unbegreifliches Element zu sein, um zu *einem natürlichen Zug* in der Struktur der Welt zu werden". Das Übel ist jetzt ein unvermeidlicher sekundärer Effekt des Schöpferaktes. Die Schöpfung ist nach Teilhard „die fortschreitende Einswerdung des Vielen ... Unter diesen Umständen ist das Übel im Universum ... ein Feind, ein Schatten, den Gott unvermeidlich allein durch die Tatsache entstehen läßt, daß er sich zur Schöpfung entscheidet ... Es ist ein Abenteuer, ein Risiko, eine Schlacht, in die er sich ganz und gar einläßt. Beginnt nicht vor unseren Augen das Geheimnis des Kreuzes größer zu werden und sich zu erhellen?" Sind diese Sätze von einem gehirnkranken „Theologen" geschrieben? Jedenfalls sind sie als unchristlicher Unsinn zu beurteilen und zu verurteilen. Denn hier wird der christliche Erlösungsgedanke im Namen des größeren Kreuzes so radikal verfälscht, daß der Sühnetod Christi für die Sünde — als Geheimnis der Bosheit verstanden — keinen Sinn mehr hat. Konsequent fährt der naturalistische und rationalistische Gnostiker Teilhard fort: „Ich sage es ganz offen. Es ist mir unmöglich gewesen, ehrlich vor einem Kruzifix das Leid mitzufühlen, solange mir dieses Leid als Sühne für eine Sünde dargestellt wurde, die Gott hätte vermeiden können ... Alles aber ändert sich in beeindruckender Weise auf der Leinwand einer evolutiven Welt, wie wir sie ausgespannt haben."

Kaum hat Teilhard diese Sätze geschrieben, macht er wieder einen unkonsequenten Rückzieher und gibt zu verstehen, daß sich auf der „evolutiven Leinwand" doch nicht alles geändert hat. Denn plötzlich ist Jesus — wenigstens verbal — der, „der die Sünden der Welt trägt; das moralische Übel wird geheimnisvoll durch das Leiden kompensiert. Doch wesentlicher als das ist er Derjenige, der strukturell in sich selbst und für uns alle die Widerstände überwindet, die das Viele der Einswerdung entgegenstellt: die der Materie inhärenten Widerstände gegen den geistigen Aufstieg". Jesus ist jetzt der „Christus Universalis, d. h. der Christus der Evolution", „der die von der Konstruktion her unvermeidliche Last jeder Art von Schöpfung trägt. Er ist das Symbol und die Geste des Fortschritts, der Messias, den wir unzweifelhaft alle erwarten", wie Teilhard meint.[76]

Die Verteidiger Teilhards unter den Teologen können also getrost behaupten, daß Teilhard an Christus festgehalten hat. Sie müssen sich aber fragen lassen: An welchem Christus? Von J. Maritain und vielen anderen Kritikern, die Teilhard anscheinend besser gelesen und verstanden haben als seine blind ergebenen Apologeten, müssen sie sich sagen lassen, daß der Christus der Evangelien ein anderer ist als der kosmische Christus, der das „Evolutionsprinzip eines sich bewegenden Universums" sein soll. Der „größere" kosmische Christus Teilhards ist in Wahrheit ein verfälschter Christus, der mit dem Christus der Offenbarung nichts mehr zu tun hat. In der konstruktiven Phantasiewelt Teilhards ist er Schritt um Schritt gewachsen, bis er seine Endgestalt im universalen Christus der Evolution gefunden hat. Die Entwicklung des kosmischen Christus verläuft zunächst so, daß „die wahre Erde", die für ihn „der auserwählte Teil des Universums ist", „sich im Begriffe langsamer Absonderung befindet" und „allmählich Leib und Gestalt gewinnt in Christus", wie Teilhard am 9. Januar 1917 schreibt.[77]

Am 5. Februar 1917 meint er: „Christus ist nicht nur die allervollkommenste Individualität, die durch unsere menschliche Gesellschaft gegangen ist. Er ist außerdem in seinem mystischen Leib die Fülle und die (in Bildung befindliche) Gestalt des *auserwählten Kosmos* – so daß die besonderen Schönheiten und Tönungen der Seelen ihre *endgültige Bedeutung* erst als Züge und Pinselstriche in der himmlischen Physiognomie der großen und einzigen Endwirklichkeit erlangen. Auf diese Weise vollenden wir Christus ..."[78] Hier wird also der mystische Leib Christi, der nach den Zeugnissen des Neuen Testamentes nur aus Christus und den mit ihm durch die übernatürliche Gnade verbundenen menschlichen Personen besteht, die seine Glieder sind, künstlich erweitert und „vergrößert“ durch einen sog. „auserwählten Kosmos“. Der auserwählte Kosmos ist aber noch nicht der ganze Kosmos und man muß annehmen, daß Teilhards teilkosmischer Christus vom Februar 1917 noch nicht die Endgestalt des kosmischen Universal-Christus ist. Am 29. März 1917 teilt Teilhard mit, daß er die Aufgabe für den Rest seines Lebens darin sieht, seine Mystik weiterzuentwickeln, eine Mystik, „die im Herzen jeder Materie und jeder Aktion leidenschaftlich Gott sucht“.[79] Zwei Tage später ist er schon wieder einen Schritt weiter. Jetzt erkennt er nämlich die zwei Elemente, die für ihn das Leben zusammenfassen: neben der „absoluten Abhängigkeit von der schöpferischen und heiligmachenden Kraft Gottes ist das zweite Element das „machtvolle Eindringen der Gottheit in alles, was uns umgibt und was wir tun, so daß für uns alles zu Gott wird, der sich hingibt und sich verwandelt“.[80] Damit hat der Pseudo-Mystiker einen neuen, entscheidenden Schritt auf dem Weg zum all-kosmischen Christus getan. Am 8. Oktober 1917 fragt er dann, ob er wirklich will, daß die Welt für ihn Christus werde.[81] Ein ganz klares Zeugnis seines pantheistischen Glaubens legt Teilhard am 29. September 1918 in einem Brief an Maguerite ab, der er schreibt: „Plötzlich erkenne ich ganz klar und lebendig, daß meine Kraft und meine Freude daher kommen, daß ich sehe, wie sich in mir irgendwie die Verschmelzung von Gott und der Welt verwirklicht, indem diese dem Göttlichen ‚*die Unmittelbarkeit*‘ gibt, jener das Berührbare *spiritualisiert*. Ich kann Dir versichern, diese Sicht verschafft mir eine wahre ‚Glückseligkeit'." Und im Blick auf den „größeren Christus" fragt er kurz darauf: „Ist unser Herr nach allem nicht die ‚Menschheit' oder sogar ‚die Schöpfung *in Person?*'."[82]

Nachdem Teilhard die Lösung aller Probleme in der Evolution gefunden zu haben glaubt, ist auch diese letzte Frage für ihn geklärt. Was 1918 noch eine Frage war, ist später für ihn zur Gewißheit geworden. In seiner neuen „Religion der Zukunft", die als eine „Religion der Evolution" bezeichnet werden kann,[83] wird der „Christus-Redemptor" (Erlöser-Christus) zu dem größeren „Christus-Evolutor", zum Trans-Christus, zum „Herz der Welt", zum „Herz der Materie", zum „Motor der Evolution",[84] zum „göttlichen Funke",[85] zur „Spitze des Universums",[86] zum „Christus-Universalis", der „eine Synthese aus Christus und dem Universum ist",[87] „ein universelles kosmisches Zentrum, in dem alles zum Ziel kommt, in dem alles sich erklärt, in dem alles sich fühlt, in dem alles gesteuert wird".[88] Teilhard sagt ausdrücklich, daß dieser Christus sich für den Christen „mit der ganzen Wirklichkeit des Universums umkleidet".[89] „Er ist das Alpha und das Omega, der Anfang und das Ende, der Grundstein und der Schlußstein, die Fülle und der Erfüllende. Er ist jener, der vollendet und jener, der allem seine Konsistenz gibt. Zu ihm hin und durch ihn ... wird in der Klage und im Bemühen die universelle Konvergenz allen geschaffenen Geistes."[90] So wird der Christus-Evolutor zum All-Erlöser, d. h. nicht nur zum Erlöser aller Menschen, sondern des ganzen Universums, das vom Christus-Omega mystisch

„assimiliert“ wird.[91] Das gesamte Universum wird zur Hostie, zum Leib Christi. „Im Lauf der Jahrhunderte umhüllt sich die sakramentale Hostie . . . , die aus Brot, so sage ich, immer inniger mit einer anderen, unendlich viel größeren Hostie, die nichts weniger ist denn das Universum selbst – das Schritt um Schritt von dem universellen Element aufgesogene Universum . . . Die Welt ist die endgültige und wirkliche Hostie, auf die Christus nach und nach und bis zur Vollendung ihrer Zeit herabsteigt.“[92] Diese Gedanken hat Teilhard 1924 niedergeschrieben. Die Genesis seines universalen Christus war also verhältnismäßig kurz. Sie dauerte nur wenige Jahre. Die Funktion des universalen Christus-Evolutor findet nun nach Teilhard ihren Abschluß in der Parusie Christi. Diese kann aber erst dann eintreten, wenn die Menschheit biologisch „bis zu einem gewissen evolutiven kritischen Punkt der kollektiven Reifung“ gelangt ist.[93] Dieses Ziel der natürlichen Evolution ist dann erreicht, wenn eines Tages „alle Substanz jener Materie, die überhaupt vergöttlicht werden kann, in die Seelen übergegangen sein wird . . .: Dann ist unsere Welt zur Parusie bereit“.[94] In dieser Sicht ist „die Parusie der Abschluß des Wirkens, das Christus in der Evolution zukommt. Aber bereits mit seiner Person, wie mit seiner ganzen Erlösungstat und seinem sakramentalen und mystischen Fortleben in der Kirche ist Christus in die Evolution miteinbezogen. Mit seiner menschlichen Natur ist Christus jener Teil des ‚Punktes Omega‘, der in die Welt, in die Evolution eingetaucht ist, und deren Mittelpunkt, treibende Kraft und Endziel er bildet. Ja, insofern Christus von Anfang an in der ganzen Evolution vorgeplant war,

war er von jeher im Anfangsstoff der Welt bereits enthalten. Unter dieser Rücksicht bezeichnet ihn Teilhard als das ‚Alpha'".[95] Im monistischen Weltbild Teilhards bilden nicht nur Schöpfung und Erlösung, sondern mit diesen zusammen auch Kosmogenese, Noogenese und Christogenese eine *natürliche* Einheit. Die Kosmogenese gipfelt in der Noogenese und diese wird fortgesetzt und vollendet in der Christogenese. Mit dieser evolutiven Christologie glaubt Teilhard de Chardin einen unserer Zeit entsprechenden „größeren Christus" erkannt und den Menschen verkündet zu haben. Schon am 13. Dezember 1918 war er davon überzeugt, „daß die Kirche vor der Notwendigkeit steht, das Dogma auf eine wirklichere, umfassendere — auf eine fast möchte ich sagen, kosmogonischere — Weise darzubieten. Das menschliche Bewußtsein und das Wesen des Dogmas selbst verlangen es".[96] Als Teilhard dies schrieb, klagte er bitter darüber, daß er sich „manchmal von der Unfähigkeit beherrscht fühle, dieses Licht anderen sichtbar zu machen und zu verbreiten. Wo werde ich die Seelen finden, die sehen . . . ? Keiner meiner besten Freunde versteht mich bisher von Grund aus . . . Und dennoch glaube ich wirklich . . ., daß ich etwas sehe; und ich möchte, daß dieses Etwas gesehen wird . . . Was mich beruhigt, ist das absolute Vertrauen darauf, daß der Lichtstrahl auf die eine oder andere Art zum Leuchten kommen wird, wenn in ‚meinem Evangelium' ein echter Lichtstrahl vorhanden ist".[97] Er meint, daß dieses neue Evangelium „der heutigen Welt gesagt werden muß, damit sie gerettet werden kann!"[98] Ohne Zweifel war Teilhard subjektiv felsenfest davon überzeugt, mit seinem „neuen Evangelium" sowohl dem Reiche Gottes als auch der Welt gedient zu haben. In einem Brief aus dem Jahre 1933 schrieb er an seinen Bruder: „Ich habe am Reich Gottes mehr gearbeitet, als man denkt.“ Und gleichzeitig bestand sein einziger Ehrgeiz darin, „die Spur eines logischen Lebens zu hinterlassen, das ganz gespannt ist auf die großen Erwartungen der Welt“.[99] Teilhard hatte nur den Wunsch, „in die Fundamente des Neuaufbrechenden geworfen zu werden“. Als „Pilger der Zukunft“,[100] für den „die Welt nur nach vorwärts interessant ist“,[101] sah er die Stunde kommen, „da die Welt durch ‚eine siegreiche und im vollen Sinne menschliche Kirche‘ mit der christlichen Vision ausgesöhnt, ihre Seele wiedergefunden haben würde“.

„Er war“ — wie Maguerite Taillard-Chambon schreibt — „davon überzeugt, daß er etwas zu sagen hatte und daß die Welt eines Tages auf ihn hören würde“; wie alle großen Berufenen war er innerlich gespalten zwischen seinem Auftrag und dem Gehorsam; dieses Problem löste er durch sein persönliches Opfer. Er glaubte fest daran, daß seine Botschaft in der ‚Achse der Wahrheit‘ lag, die die Menschen seiner Zeit brauchten. Die erschütternden Zeilen, die er unmittelbar vor seinem Tod schrieb, besiegeln diese Botschaft: ‚Es genügt, wenn die Wahrheit ein einziges Mal in einem einzigen Geist erscheint, und nichts kann sie je mehr daran hindern, alles zu ergreifen und alles in Brand zu setzen‘.“[102]

Im Februar 1919 kommt der Visionär Teilhard zu der Erkenntnis, daß die wirksamste Art, seinen Geist etwas mehr zur Geltung zu bringen, darin bestände, „so wirklich als möglich zu einer deutlich erkennbaren ‚Heiligkeit‘ zu gelangen — nicht nur wegen der besonderen Wirksamkeit, die Gott alsdann dem Teil meiner Bestrebungen und meines Einflusses verliehe, der gut ist — sondern auch weil mir nichts mehr Macht über die Menschen gäbe, als wenn ich ihnen wie einer erschiene, der gleichsam aus der Nähe Gottes zu ihnen spricht. Mit Gottes Hilfe müßte ich vollständig, folgerichtig und unerschütterlich meine ‚Vision' leben".[103] Bewußt hat Teilhard in diesem Text das Wort „Heiligkeit" in Anführungszeichen gesetzt. Denn seine Heiligkeit ist nicht mehr die des traditionellen Christentums, sondern eine neue „Heiligkeit", „die einem intensiven Einssein mit der Erde entwächst".[104] Auf dem Weg zu dieser „Heiligkeit" muß man nach Teilhards Meinung gegen die „Vorliebe für das selbstsüchtige beschauliche Leben ... angehen",[105] denn „gesund ist nur die Lehre von der Aktion, die uns alles entschlossen, energisch in Angriff nehmen läßt, ohne dem leeren Gerede allzuviel Raum zu geben".[106]

Der heilige Benedikt müßte mit diesem bedauernswerten Mystiker der evolutiven Aktion ebenso unermeßliches Mitleid haben wie die großen Mystiker des Karmel — denken war nur an den Hl. Johannes vom Kreuz oder die Hl. Theresia von Avila und ihre „kleine" Schwester von Lisieux — die mit allen anderen wahren Heiligen der Kirche niemals daran zweifelten, daß in der Hierarchie der spirituellen Werte das Ora (Bete) stets vor und über dem Labora (Arbeite) stehen muß und daß dem Opus Dei (Gottesdienst) nichts vorgezogen werden darf. Die tiefste Dimension des Mysteriums Liebe blieb dem unerleuchtenen Visionär Teilhard verborgen, wenngleich auch er ein „gläubiger" Beter war. Sein kosmischer Kult, seine „Religion der Erde", seine „Religion der Evolution" ist aber leider nicht mit der Anbetung „im Geiste und in der Wahrheit" (Joh 4,23) identisch, von der Jesus Christus spricht. Das einzig Notwendige (Lk 10,42), das für den Herrn eben gerade nicht in der Aktion besteht, blieb für Teilhard eine fremde Welt. Bei allem „Licht", das er als „Visionär" zu sehen glaubte, blieb er zeitlebens ein Blinder. Das ist seine Tragik.

Diese Tragik hat freilich auch eine komische Seite insofern, als dieser geistig Blinde sich berufen und gesandt fühlte, die Kirche zu reformieren. Im Jahr 1926 erklärte er: „Wir sind in Wirklichkeit nicht mehr katholisch; sondern wir verteidigen ein System, eine Sekte", und 1929 versteigt er sich zu dem wahnwitzigen Urteil: „Das ist das einzige, was ich sein kann: eine Stimme, die, gelegen oder ungelegen, immer wieder sagt: Die Kirche wird so lange dahinsiechen, als sie sich nicht frei macht von der künstlichen Welt einer bloßen Theologie von Worten, eines quantitativen Sakramentalismus und subtiler Andachtsübungen, in denen sie sich einspinnt, um wieder neu Gestalt anzunehmen in den tatsächlichen Hoffnungen der Menschen ... Natürlich merke ich deutlich genug, was an dieser Einstellung paradox ist: Wenn ich Christus und die Kirche brauche, dann muß ich Christus so hinnehmen, wie die Kirche ihn mir bietet, mit ihrem ganzen Bündel von Riten, von Verwaltung und Theologie. Das werden sie mir jetzt vorhalten, und das habe ich mir oft genug selber gesagt. Aber jetzt kann ich mich der sich aufdrängenden Einsicht nicht mehr entziehen, daß der Augenblick gekommen ist, da das christliche

Empfinden Christus aus den Händen der Kleriker ‚retten' muß, auf daß die Welt gerettet werde." Teilhard sieht die Kirche in der Gefahr, ihren „endgültigen Bankrott und den vollkommenen Bruch mit der Menschheit" zu riskieren. Er fühlte sich im Kern seines Wesens an einen „Organismus" gebunden, bei dem er immerfort „Beschränktheit und Verfall" wahrnahm. Aus diesem Grund nannte er sich einmal „hyper-katholisch".[107] Die größten Schwierigkeiten und Sorgen in der Kirche machten ihm die Integralisten. Doch versichert er am 20. Mai 1924 dem lieben Fräulein Léontine, „daß es keiner Macht auf der Welt gelingen wird, weder die Richtung noch die Intensität jeglicher Einflußnahme, deren ich fähig bin, zu ändern".[108] Im Jahre 1929 gesteht er der „liebsten Freundin" Léontine, daß er „eine ziemlich heftige kirchenfeindliche, um nicht zu sagen christentumsfeindliche Krise durchgemacht habe."[109] Schon während des Ersten Weltkrieges zeigte sich ein gewisser „unkirchlicher" Affekt bei Teilhard. Er lernte 1916 einen Priester aus den Kolonien kennen, der als Feldgeistlicher zu seiner Brigade kam und, wie Teilhard schreibt, „keineswegs ‚kirchlich'" war. Mit diesem Priester hat er „sogleich ... sympathisiert".[110] Am 20. März 1932 erklärt Teilhard, warum er selbst die Kirche nicht verlassen wolle. Er schreibt seiner „lieben Freundin", daß er sich nach seiner Rückkehr in das Ordensleben „wieder in das Mindestmaß an ekklesiastischer Ordnung eingefügt habe", diese Ordnung aber nicht mehr so „ernst" nehme, daß er darunter sehr litte. Dann fährt er fort: „Zudem sage ich mir, wenn ich weniger tief in der Kirche wurzelte, wäre ich auch weniger in der Lage, an ihrer Befreiung zu arbeiten."[111] Später hielt er

einem aus der Kirche ausgetretenen Priester vor, daß es besser sei, in der Kirche zu bleiben, um „von innen her an der Reform zu arbeiten".[112] Hier liegt Teilhard auf derselben Linie wie namhafte Apostaten und Häretiker, die als Modernisten vor ihm die Kirche schon „reformieren" wollten oder die mit dem Top-Häretiker Hans Küng es heute versuchen. Bei manchen modernen Häretikern kommt noch ein etwas materialistischer Gesichtspunkt ins Spiel. Sie haben erkannt, daß man als Häretiker in der Kirche nicht nur besser „reformieren", sondern auch mehr „verdienen" kann. In der nachkonziliaren Epoche, wo so viel vom „Dienst" der Kirche gesprochen wird – besonders vom „Weltdienst" – darf man schließlich das „Verdienen" nicht außer acht lassen. Auf diesem Gebiet scheint Teilhard jedoch ganz anders gedacht zu haben. Er war ein selbstloser „Diener dieser Welt", was zu seiner Ehre hier nicht verschwiegen werden soll.
Teilhard wußte allerdings, daß zwischen seiner geistigen Welt und der Roms ein Abgrund gähnte. 1926 schreibt er im Anschluß an den Vortrag eines „sympathischen Professors der Harvard-Universität" über das Erwachen des Denkens im Tierreich: „Ich dachte an den Abgrund, der die geistige Welt, in der ich mich befand und deren Sprache ich verstand, von der theologischen und römischen Welt trennt, deren Idiom mir ebenfalls bekannt ist."[113] Auf derselben Ebene liegt seine Feststellung: „Rom und ich haben zwei verschiedene Konzeptionen der Welt." Teilhard war sich also klar bewußt, daß sein Glaube nicht mehr derjenige der römisch-katholischen Kirche war. Aus diesem Grund bezeichnete er sich auch als „hyper-katholisch" und betrachtete jene, die sich

seinem wahnwitzigen Fortschrittsglauben widersetzten, als „schädliche Ketzer".[114] Wenn er trotzdem immer wieder von der Anhänglichkeit und Treue zur Kirche spricht, lebt er anscheinend in der illusionären Vorstellung, diese Kirche in seinem Sinne umfunktionieren zu können. So schreibt er 1936 seiner „treuen Freundin": „Was immer mehr mein Interesse und meine innere Sorge beherrscht ... ist ... das Bemühen, eine neue Frömmigkeit (oder nennen wir es ... ein besseres Christentum) in mir aufzubauen und um mich zu verbreiten, eine Frömmigkeit, in der der persönliche Gott aufhört, der ‚jungsteinzeitliche' Großgrundbesitzer von ehedem zu sein, um zur Seele der Welt zu werden, nach der unser kultureller und religiöser Zustand verlangt ..."[115] Teilhard nennt sein „besseres Christentum" auch „Neo-Christentum", ein Christentum oder eine Religion, die nicht von der Tradition oder der Vergangenheit lebt, sondern die Religion von morgen ist, die „von der heutigen so verschieden sein wird, wie es der Affe vom Menschen ist." In dieser Religion wird nicht mehr der Gott und Vater unseres Herrn Jesus Christus angebetet und verehrt, sondern — wie Teilhard 1952 schreibt — „die Synthese aus dem christlichen Gott (dem Gott von oben) und dem marxistischen Gott (dem Gott von vorne), der einzige Gott, den wir von nun an im Geist und in der Wahrheit anbeten können". Wenn Teilhard hier sagt, daß „wir von nun an" den „alten" Gott, der seit mehr als 1900 Jahren in der Kirche verehrt wurde, nicht mehr anbeten können, bringt er damit seinen Abfall vom katholischen Glauben in erschütternder Weise zum Ausdruck. „Von nun an" wissen wir, daß der unveränderliche Gott der Offenbarung nicht mehr der Gott Teilhards ist. Dieses Bekenntnis schließt ferner die Ablehnung dessen ein, was die Christen von Anfang an von diesem Gott geglaubt haben und was die nach Teilhards Auffassung „schädlichen Ketzer“ innerhalb der Kirche, die er einmal Integristen, ein andermal Integralisten nennt, heute noch von ihm glauben. Was vor dem „von nun an“ liegt, ist heute nicht mehr gültig. Teilhard relativiert damit die Wahrheit absolut, radikal und total. Der Gott aber, der nach Teilhard „von nun an“ als der „einzige Gott“ im Geist und in der Wahrheit angebetet werden soll, existiert nicht in der Wirklichkeit, sondern nur in der phantastischen Fabelwelt Teilhards. Denn eine Synthese „aus dem christlichen Gott“ und einem „marxistischen Gott“ gibt es nur für Geisteskranke, d. h. eine solche Synthese existiert nicht. Es ist auch irreführend in diesem Zusammenhang von einem besseren oder neuen Christentum zu sprechen, weil ein besseres Christentum nicht ohne geschichtliche Kontinuität mit seinem Ursprung, d. h. mit dem geschichtlichen Christus und seiner Offenbarung, denkbar und möglich ist. Teilhards neues Christentum ist ein bis in die tiefsten Wurzeln verfälschtes Christentum, ein Pseudochristentum, das in Wahrheit nichts anderes ist als ein neuer Humanismus, der im Gewande christlicher Begriffe und Symbole auftritt, nicht um das wirkliche Christentum zu erneuern, sondern um es zu zerstören. Diese Feststellung ist objektiv zu verstehen und sagt nichts aus über die subjektiven Absichten und Bestrebungen Teilhards, über die nur Gott zu urteilen und zu richten hat.

Im Rahmen dieser Abhandlung würde es zu weit gehen, alle Irrtümer Teilhards, die dem überlieferten christlichen Glauben widerstreiten, im einzelnen zu widerlegen oder auch nur anzuführen. Das haben andere Autoren ausführlich und gründlich genug getan.[116] Aber ein kurzes Wort über Teilhards utopischen Fortschritts- und Zukunftsglauben und dessen Konsequenzen soll an dieser Stelle doch noch gesagt werden.

Teilhard, der „Pilger der Zukunft", gehört zu jenen Futuristen, die den Bruch mit der Vergangenheit vollzogen haben, mit der Gegenwart und ihren Problemen nicht fertiggeworden sind und deshalb in der Flucht in die Zukunft das Heil sehen. Aufschlußreich und traurig zugleich ist in diesem Zusammenhang, was Teilhard am 3. April 1930 seiner „lieben Freundin" aus Tientsin schrieb: „Der höchste Genuß, den mir eine gotische Kathedrale verschafft . . ., ist das ‚stolze' Bewußtsein, daß unser Geist jetzt und für immer aus ihren Gewölben entronnen ist! Früher hätte ich nicht gewagt, einen Satz wie diesen niederzuschreiben (und doch hätte er schon ausgedrückt, was ich dachte, ohne daß ich wagte, es mir einzugestehen).

Aber jetzt glaube ich, daß man hinausschreien muß, was die Wahrheit ist . . . Jedes ‚Sich-selbst-Gefallen' in der Vergangenheit (selbst der christlichen!) oder sogar der Gegenwart ist mir unerträglich geworden. Und ich bin der Ansicht, die Herrschaft über Geist und Herzen wird jenem zufallen, der am besten dieses Evangelium . . . zu verkünden weiß: ‚Immer vorwärts'."[117] Schon kurz nach dem Ersten Weltkrieg beschäftigte ihn in erster Linie „das Forschen nach den Voraussetzungen des Fortschritts, so wie er sich uns darbietet",[118] und am 5. September 1919 schreibt er: „Die Zukunft ist schöner als alle Vergangenheiten. Das ist mein Glaube".[119] In seiner Schrift „Dimensionen für die Zukunft" (Peking 1943) gibt Teilhard näheren Aufschluß über seinen Zukunftsglauben.[120] Drei Super-Wirklichkeiten werden danach die Zukunft bestimmen: Die Super-Menschheit, der Super-Christus und die Super-Caritas (Liebe). Unter der „Super-Menschheit" versteht Teilhard „den höheren biologischen Zustand, den zu erreichen die Menschheit bestimmt scheint, wenn sie, die Bewegung, aus der sie historisch hervorgegangen ist, bis ans Ende vorantreibend, dahin gelangt, sich vollständig mit Leib und Seele in sich zu totalisieren ... Von den fernsten Prähominen (Pithecanthropus, Sinanthropus) bis hin zum *Homo Sapiens* über die komplexe Gruppe der Neanderthaloiden läßt sich definitiv eine Bewegung festhalten, die die menschliche Gruppe von *schwach* zu *hoch* zerebralisierten und sozialisierten Zuständen vorantreibt ... Bisher hat sich die Menschheit ... beständig in Richtung sich steigernder Zustände psychischer Organisation bewegt. Räumt man dies ein, so gibt es keinen Grund, es wäre sogar absurd, anzunehmen, sie bewege sich nicht noch immer in derselben Richtung. Hinter uns gewiß eine ‚Untermenschheit', vor uns folglich und ebenso gewiß eine Super-Menschheit — die einzige Wirklichkeit ..., die fähig ist, die *Millionen* von Jahren auszufüllen und zu rechtfertigen, die dem Denken vielleicht noch bleiben, um sich auf der Erde zu entwickeln".

Über die Gestalt dieser Super-Menschheit glaubt Teilhard sagen zu können, daß sie nach dem biologischen Gesetz der Kephalisation und dem kosmischen Gesetz der Komplexität auf dem Weg „einer tiefgreifenden organischen Transformation kollektiven Typs“ sich entwickelt, die derzeit „in Richtung super-sozialisierter Gruppierungen“ im Gange ist. Diese Bewegung nennt Teilhard „Kollektivisation“ oder „Super-Sozialisation“, die beide „Super-Personalisation“ bedeuten. Die Evolution des Universums „vollendet sich notwendig nach vorn in einem Super-Bewußtseins-Pol, in dem alle personalisierten Bewußtseinskörner überleben und ‚super-leben‘. Es kulminiert in einem Punkt Omega“. Dieser deckt sich mit dem „größeren Christus“ Teilhards, dem kosmischen Christus. — „Ein durch die Theologie fixiertes universelles christliches Zentrum und ein durch die Anthropogenese postuliertes universelles kosmisches Zentrum: die beiden Brennpunkte kommen letzten Endes in dem historischen Milieu, in das wir gestellt sind, notwendig zur Koinzidenz (oder zumindest zur Deckung miteinander). Christus wäre nicht der einzige Beweger... des Universums, wenn das Universum sich in irgendeiner Weise, und wäre es auf einer niedrigeren Stufe, außerhalb von ihm gruppieren könnte... Christus nimmt hic et nunc für uns der Position und der Funktion nach den Ort des Punktes Omega ein.“

Der Christus-Omega ist als Christus-Evolutor zunächst der, *„der erfüllt:* kein Element in keinem Augenblick der Welt hat sich je bewegt, bewegt sich und wird sich jemals bewegen außerhalb seines lenkenden Einflusses (influx). Der Raum und die Dauer sind voll von ihm. Physisch und buchstäblich ist er weiter *der, der vollendet:* die Fülle der Welt wird erst in der endgültigen Synthese zu Ende gebracht, in der ein höchstes Bewußtsein über der höchst organisierten totalen Komplexität erscheinen wird — und da er, Christus, das organische Prinzip dieser Harmonisation ist, wird das ganze Universum ipso facto von seinem Charakter geprägt, durch seine Entscheidung gezeichnet, durch seine Gestalt beseelt. Physisch und buchstäblich *gibt* er schließlich, da in ihm alle Linien der Welt konvergieren und sich miteinander verknüpfen, dem ganzen Gebäude aus Materie und Geist seine *Konsistenz*. Und folglich vollendet sich und kulminiert in ihm, ‚dem Haupt der Schöpfung', in universellen Dimensionen und übernatürlichen Tiefen und doch in Harmonie mit der ganzen Vergangenheit der grundlegende kosmische Prozeß der Kephalisation." Teilhard nennt diesen Christus, den „Beseeler und Sammler aller biologischen und geistigen Energien, die das Universum erarbeitet hat", schließlich „Christus-Evolutor" und sieht in ihm „die ausschließlich und ins Allgemeine erhobene Gestalt, unter der der Christus-Erlöser und Heiland sich von nun an unserer Anbetung anbietet".

Die Konsequenzen, die sich daraus für unser Leben und unsere Liebe ergeben, beschreibt er als Universalisierung, Dynamisierung und Synthetisierung unserer Liebe. *„Unsere Liebe universalisiert sich ...* Da sich im Universum alles letzten Endes auf Christus-Omega hinbewegt; da letzten Endes die ganze Kosmogenese durch die Anthropogenese hindurch in einer Christogenese ihren Ausdruck findet, lädt sich das Wirkliche in der Unversehrtheit seiner greifbaren Schichten mit einer göttlichen Gegenwart. Wie die Mystiker ahnten und erahnten, wird alles physisch und buchstäblich in Gott liebbar; und umgekehrt wird Gott in allem, was uns umgibt, greifbar und liebbar ....

*Unsere Liebe dynamisiert sich* ... Um den Super-Christus zu lieben, müssen wir um jeden Preis in uns selbst und in jedem unserer Ko-Elemente (hauptsächlich in den anderen ‚Denkkörnern' — unseren Brüdern) das Universum und die Menschheit voranbringen. An der totalen kosmischen Evolution mitwirken, ist die einzige Tat, in der sich in adäquater Weise unsere Hingabe an einen Christus-Evolutor und Universalis auszudrücken vermag. *Und aufgrund eben dieses Faktums synthetisiert sich die Caritas* ... Gleich den zahllosen Farbtönen, die sich in der Natur verbinden, um ein einziges weißes Licht zu ergeben, verschmelzen die unendlichen Modalitäten des Tuns, ohne sich ineinander zu vermischen, unter dem mächtigen Einfluß des Christus-Universalis in einem einzigen Farbton; und in dieser Bewegung übernimmt die Liebe die Führung: die Liebe, nicht nur gemeinsamer Faktor, kraft dessen die Vielheit des menschlichen Tuns dahin gelangt, sich zu verknüpfen, sondern die Liebe als höhere, *universelle und synthetische Form der geistigen Energie,* in der alle anderen Energien der Seele sich transformieren und sublimieren, sofern sie nur in das ‚Feld Omegas' geraten ... Für die Super-Menschheit ein Super-Christus. Für den Super-Christus eine ... Super-Liebe."

Man kann Christus, wie er in der Heiligen Schrift geoffenbart ist, und das wahre Wesen der Liebe kaum „großartiger" mißdeuten und verfälschen, wie es hier bei Teilhard geschieht. Schon am 10. Juli

1916 schrieb er von der Front: „Ja, die moralische und soziale Entwicklung der Menschheit ist sehr wohl die echte und ‚natürliche' Folge der organischen Evolution. Diese Entwicklung erscheint uns häßlich, weil wir sie von zu nahe sehen und weil der freie Wille seine ihm eigene und ausgesuchte Verderbtheit hat; aber in Wirklichkeit ist sie der normale Abschluß einer Arbeit, die zweifellos nur deshalb so ‚edel und lautlos' ist, weil wir sie aus großer Ferne sehen — so wie die Schrapnells rund um ein Flugzeug, aus großer Entfernung gesehen, eine anmutige, rein ornamentale Szene zu sein scheint."[121]
Wer solchen provokativen Unsinn denken und schreiben kann, setzt sich dem Verdacht aus, ein krankhafter Phantast zu sein, der in seiner irrealen, utopischen Fernsicht die grausame und oft verbrecherische Gegenwartswirklichkeit und das je und je geschehende Böse als solches nicht mehr ernst nimmt. Teilhards Zukunftswahn geht von der Voraussetzung aus, daß die noch immer und unaufhörlich voranschreitende Menschheit „wahrscheinlich noch viele hunderttausend Jahre" braucht, bis ihre „kollektive Organisation oder Sozialisation" abgeschlossen ist, eine Bewegung, die gerade eben erst begonnen hat.[122] In einem Vortrag in der Französischen Botschaft in Peking (1941) sagte Teilhard, daß die „Menschheit in sich noch eine gewaltige Reserve, ein gewaltiges Konzentrations-, das heißt Fortschrittspotential birgt ... ‚Energetisch' und biologisch gesehen, ist die menschliche Gruppe noch ganz jung, ganz frisch. Aus dem Vergleich mit dem, was uns die Geschichte der anderen lebenden Gruppen lehrt, ergibt sich, daß sie, organisch gesprochen, noch

*mehrere Millionen Jahre* zu leben und sich zu entwickeln hat".[123] Nach Teilhards Ansicht vollzieht sich die Kollektivierung der Menschheit zwangsläufig unter dem Druck der sozialen, technischen und wissenschaftlichen Verhältnisse. „Da die menschlichen Moleküle aneinander gedrängt werden und je mehr man sie aneinander drängt, können sie, auf Grund ihrer Natur und Struktur, gar nichts anderes tun, als sich untereinander mit Leib und Seele verkitten."

Für Teilhard sind der „Aufstieg des Sozialen", der „Aufstieg der Maschine" und der „Aufstieg der Wissenschaft" nur „drei Seiten ein und desselben vollkommen geregelten Prozesses *von planetaren Ausmaßen*".[124] Im Zusammenhang mit seinem Glauben an den Frieden, den Teilhard als „universelle und beständige Form des Friedens" versteht, d. h. also als ewigen Weltfrieden, bemerkt der geniale Phantast, der das Wesen des Krieges und des Unfriedens ebensowenig begriffen hat wie deren Wurzel, das Mysterium der Bosheit, „daß trotz allen gegenteiligen Anscheins die Menschheit nicht nur zum Frieden befähigt ist, sondern daß sie, ihrer Struktur nach, *unausbleiblich eines Tages in den Frieden emergieren muß* ... Eher würde die Erde aufhören, sich zu drehen, als daß die Menschheit, in ihrer Gesamtheit genommen, aufhörte, sich zu organisieren und eins zu werden".[125] Damit hat sich Teilhard als Ideologe entpuppt, der den utopischen Traum der freimaurerischen Ein-Weltler mit Hilfe seiner evolutiven Hirngespinste zu begründen versucht. Nach diesem Glauben an das kommende paradiesische Weltreich der geeinten Menschheit, wo die „menschliche Masse zu einem denkenden Ganzen" vereinigt sein wird, bedeuten die „schrecklichen Ereignisse" der Geschichte, wie etwa der „Super-Krieg" (Zweiter Weltkrieg), nur insofern etwas, als sie „den Stoß, die Erschütterung, die Krise" darstellen, „an deren Ende sich eine synthetischere Organisation der menschlichen Welt abzeichnet".[126] Der Krieg wird hier als aktiver Beitrag zur „natürlichen" oder „organischen Evolution" verharmlost und von Teilhard sogar verherrlicht.

An diesem Punkt setzt dann auch die schärfste Kritik an Teilhards Eschatologie an. So schreibt E. Benz: „Hier droht der eschatologische Optimismus in den eschatologischen Leichtsinn umzuschlagen ... Die futuristische Distanz gegenüber den bedrängenden Problemen der Gegenwart führt bei Teilhard manchmal zu einer erstaunlichen Gefühllosigkeit, ja zu einer Unmenschlichkeit, deren nur eine letzte intellektuelle Abstraktion fähig ist, zur Gefühlskälte eines Kommissars der Weltevolution. Dies tritt deutlich an seiner Einstellung zum Krieg und zur Atombombe hervor."[127]

Soweit ich sehe, ist dies der härteste Vorwurf, der gegen Teilhard je erhoben wurde. Und leider ist er berechtigt, was sich an einigen Äußerungen Teilhards leicht nachweisen läßt. Während in der Literatur des Ersten Weltkrieges, sei es von seiten linker oder anderer Autoren immer wieder die Brutalität und Entsetzlichkeit sowie die physischen und moralischen Zerstörungen dieses irrsinnigen Krieges beklagt werden, sind in den Kriegsbriefen Teilhards solche Verurteilungen des Krieges nicht zu finden. Im Gegenteil. Am 10. Juli 1916 schreibt er an Marguerite, daß er seinem Freund Boussac, der

„durch den Krieg etwas düster gestimmt war", zu beweisen versuchte, „daß er durch seine Mitwirkung bei der Schlacht letzten Endes am Fortschritt der Natur mitwirkte, die er so sehr liebt". Boussac gab ihm darauf die menschlich und sachlich einzig richtige Antwort, „daß er das brutale Vorgehen der Militärs und das unaufrichtige Verhandeln der Diplomaten nie mit den edlen und lautlosen Umwandlungen der Natur verwechseln, ja beide niemals miteinander vergleichen könnte". Ganz anders der hirnverbrannte Ideologe Teilhard de Chardin. Dieser „große Denker" meinte, „diesen Vergleich dennoch aufstellen" zu *müssen* und glaubte, daß die Empörung Boussacs, die er oft auch empfindet, auf einer „Illusion" beruht.[128] Eine ungeheuerliche und unüberbietbare Gefühlsroheit offenbarte der „edle Priester" in einem Brief vom 2. November 1916, wo er über das verwüstete Schlachtfeld von Douaumont folgende Sätze schrieb: „Im Grunde beobachte ich, daß ich eine gewisse Depression und eine gewisse tote Zeit hinter mir habe, was zum Teil an der wenig aktiven Rolle lag, die meine Einheit spielte ... Von einem mehr beobachtenden und fast ‚dilletantischen' Gesichtspunkt aus habe ich die Romantik der Gegend und der Lage in kleinen Zügen zutiefst ausgekostet. Wenn man vergißt, daß man einen Leib hat, den man, wie eine Schnecke ihr Haus, über den Morast dahinschleppen muß, gewährt das Gebiet von Douaumont ein begeisterndes Schauspiel. Stelle Dir eine Unermeßlichkeit von völlig düsteren und kalten Anhöhen vor, die verwildert wie eine Wüste sind, bewegter als ein Feld. All das haben wir wieder zurückgewonnen ... Von den ‚Boches' sind beinahe keine Überreste zu sehen — nur in der Umgebung mancher Unterstände ein paar entsetzliche Bilder, denen der Blick jedoch ohne zu zucken begegnet ..."[129] Den letzten Satz muß man zweimal lesen. „Überreste" von „Boches", — „entsetzliche Bilder", doch der Blick begegnet ihnen „ohne zu zukken". Wenn ein geistig oder seelisch Kranker sich in dieser Art ausdrücken würde, könnte man das verstehen. Für einen katholischen Priester ist ein solches Bekenntnis vernichtend. Es zeugt von einer stumpfen und verwüsteten Seele. Nur beiläufig sei hier noch erwähnt, daß Teilhard in seinen Kriegsbriefen für die Deutschen fast immer das Schimpfwort „Boches" gebraucht. Nur ganz selten schreibt er „die Deutschen". Am 23. August 1916 schildert Teilhard seine Erlebnisse während einer entsetzlichen Schlacht vor Verdun und schreibt dann anschließend: „Beim Anblick dieser Stätte herber Mühsal fühlte ich mich ganz ergriffen von dem Gedanken, daß ich die Ehre hatte, an einem der zwei oder drei Punkte zugegen zu sein, in denen zur jetzigen Stunde das gesamte Leben des Alls zusammenströmt und wieder zurückflutet — schmerzliche Punkte, an denen jedoch (ich *glaube* immer mehr daran) eine große Zukunft herausgearbeitet wird."[130]

Am 23. September 1917 schreibt er aus der Etappe: „Wir leben hier ruhig ... Es reizt mich ein wenig, dieses Gefühl der Fülle und des Übermenschlichen kurz zu analysieren und zu rechtfertigen, das ich so oft an der Front erfahren habe und das, wie ich fürchte, der Grund für meine Sehnsucht nach dem Kriege ist. Mir scheint, man könnte zeigen, daß die Front nicht nur die Feuerlinie ist, die Korrosionsoberfläche der Völker, die sich bekämpfen, sondern auch in gewisser Weise die ‚Front der Woge', die die menschliche Welt ihren neuen Geschicken entgegenträgt."[131] In einem Brief vom 25. September 1917 spricht Teilhard vom „Heimweh nach der Front" und gibt einige Gründe dafür an, warum die Front ihn „unüberwindlich anzieht".[132] Am 4. August 1916 ärgert er sich darüber, beim Roten Kreuz zu sein und begründet es so: „Es ist ja offenbar eine äußerst göttliche und priesterliche Rolle, von Berufs wegen Öl und Wein auf die Wunden des Daseinskampfes zu gießen; aber ich kann nicht umhin, festzustellen, daß ich im Wesen weit eher dem Bohrer gleiche, der vordringt, als dem Öl, das den Vormarsch des Fortschritts sanfter gestaltet."[133] Das Non-Plus-Ultra des Wahnsinns ist — konsequent weitergedacht — ein Wort, das er am 15. Februar 1917 in einer Zeit „der Ruhe und Freiheit" hinter der Frontlinie schrieb: „Im Augenblick fühle ich mich unnütz, ein Müßiggänger. Du kannst mir glauben, ich würde hundertmal lieber Handgranaten werfen oder ein Maschinengewehr bedienen als so überzählig zu sein ... Mir scheint, daß ich auf diese Weise mehr Priester wäre."[134] Hier wird mancher Leser seinen Augen nicht trauen, tief Luft holen und fragen: Kann ein vom Geist Gottes erleuchteter Priester so etwas schreiben oder entlarvt sich hier nicht aufs Neue ein gehirnkranker Ideologe, dessen ganzes System genau so krank ist wie er selber? Diese Frage soll hier in der Hoffnung gestellt werden, daß irgendwann einmal ein Fachmann der Psychoanalyse in der Lage sein wird — vielleicht ein mutiger Jesuit — zur größeren Ehre Teilhards und des Jesuitenordens die richtige Antwort in Form einer sicheren Diagnose noch vor Weltuntergang vorzulegen. Die Frage wäre gewiß einer Dissertationsarbeit wert. Gibt es doch leider noch viele Apologeten Teilhards, vor allem auch prominente Jesuiten, die durch die Glorifizierung Teilhards weder dem Fortschritt, noch der Wahrheit, noch der Menschheit, die nach beiden strebt, einen Dienst erweisen, so sehr sie sich auch darum bemühen mögen.

Ähnlich wie die Stellungnahme zum Krieg war Teilhards Beurteilung der Atombombe. E. Benz schreibt darüber: „Der Abwurf der Bombe über Hiroshima hat Teilhard mit einer enthusiastischen Bewunderung des wissenschaftlich-technischen Fortschritts erfüllt, den dieses Ergebnis der Teamarbeit eines naturwissenschaftlichen Supergehirns für die Menschheit darstellte. Er hat in mehreren Vorträgen über die gewaltige Förderung der Evolution gesprochen, die die Beherrschung der Atomkraft für die Menschheit und für das menschliche Bewußtsein darstellt. Bezeichnenderweise beziehen sich seine Betrachtungen nicht auf Hiroshima, sondern auf die erste Versuchsexplosion in Arizona und auf die späteren Atomversuche in Bikini ...

Die Toten und Verletzten von Hiroshima sind für ihn unvermeidliche Opfer auf dem Wege der Erfüllung dieser Pflicht, die Evolution voranzutreiben, und die Rechtfertigung solcher Opfer besteht darin, daß die Atombombe letzthin gerade durch ihre überdimensionale Vernichtungsmöglichkeit zum Garanten des Friedens wird ... Die Möglichkeit eines katastrophalen Ausgangs dieser Evolution weist er lächelnd zurück — schließlich gebe es ja einen planetarischen Selbsterhaltungstrieb des Lebens!“[135]

In Teilhards utopischer Zukunftserwartung offenbart sich deutlich seine freimaurerische Seele. Mit vielen Brüdern der Freimaurerei glaubt er an den ewigen Frieden in der kommenden One World, an die Vereinigung von Nichtchristen und Christen in einer Welt-Einheitsreligion, die er schon in einigen Generationen kommen sieht,[136] an die Versöhnung des atheistischen, antichristlichen und antihumanen Kommunismus mit dem Christentum. Wie viele Freimaurer bagatellisiert auch er den satanischen Kommunismus und seine weltbedrohende Gefahr und glaubt mit dem Hochgradmaurer Jacques Mitterand an die Transzendierung des Kommunismus in Richtung eines neuen und freien Humanismus.

Damit sind wir an dem Punkt angelangt, wo es notwendig ist, ein Wort über den Freimaurer Teilhard de Chardin zu sagen. Die folgenden Informationen über seine Zugehörigkeit zur Freimaurerei kommen aus Spanien, einem Land, um das die Freimaurer schon seit Jahrzehnten kämpfen, und sie stammen von einem Mann, der dort bekannt ist und etwas gilt: Don Pablo Maria de la Porcion. Er hat seine Enthüllungen erstmals am 13. April 1968 in der hervorragenden spanischen theologischen Zeitschrift „Que Pasa“ in Madrid veröffentlicht. Sein aufsehenerregender Artikel wurde von der großen argentinischen Zeitschrift „La Tradicion“ im Juni 1968 in vollem Wortlaut übernommen und erschien dort unter dem Titel: „Teilhard de Chardin, der Prophet des Antichrists.“ Dieser Artikel von Gilberte Coté-Mercier ist 1971 in deutscher Übersetzung von Eduardo Hugentobler in der Schweizer katholischen Zeitschrift „Das Zeichen Mariens“ abgedruckt worden.

Die nun folgenden Ausführungen stützen sich im wesentlichen auf diesen Text.[137]

Don Pablos Thesen wollen nicht als bloßer Verdacht, sondern als konkrete Anklage gegen Teilhard verstanden werden. Er gründete seine Anklage zunächst auf das zuverlässige Zeugnis dreier Freunde: „Der eine von ihnen, hochgestellter Funktionär eines weitverzweigten Netzes von Industrie-Unternehmungen, war zur Zeit der Spanischen Republik eingeschriebenes Mitglied des freimaurischen ‚Groß-orients von Spanien', im 33. Grad, ‚Martinez Barrio' ... Der zweite, Inhaber des Lizentiats der Naturwissenschaften, gehört — oder vielmehr gehörte noch Ende 1965 — zur Loge des ‚Symbolismus' und ist immer noch, bis jetzt, persönlicher Freund des Logenbruders Alec Mellor. Der dritte, von Beruf Mediziner, befindet sich in den Verstrickungen der ‚Valentinianischen Gnosis', mit der er schon seit Jahren in sehr regen Beziehungen steht." Wenige Tage nach der Wahl von Papst Johannes XXIII. besuchten diese drei Freunde Don Pablo und sagten ihm: *„Durch die literarischen Werke eines der unsern, werden wir nun daran gehen, die große Revolution vorzubereiten und in die Priesterseminare der Katholischen Kirche einzudringen."*

Zu diesem Zeitpunkt konnte Don Pablo den tieferen Sinn dieser Worte noch nicht erkennen und nicht wissen, wer mit dem „einen der unseren" gemeint war. Erst im Sommer 1966 ging ihm ein Licht auf: es war Teilhard de Chardin. Einer der drei Freunde war dann auch ehrlich und offen genug, dies zuzugeben und Don Pablos Verdacht zu bestätigen.

Zweitens sprechen für die Mitgliedschaft Teilhards in der Freimaurerei die Erklärungen des Justizministers der Vichy-Regierung unter Marschall Pétain, der anfangs der vierziger Jahre das „Livre d'Or de la Synarchie" (das goldene Buch der Synarchie), ein Verzeichnis hervorragender Logenmitglieder in seinen eigenen Händen hielt und darin den Namen Teilhard de Chardin las. Teilhard war damals in Frankreich, selbst in Fachkreisen, nur wenig bekannt. Obwohl der Justizminister die Bedeutung und den unschätzbaren Wert dieses Dokumentes nicht einmal zu ahnen vermochte, verfaßte er darüber einen Kommentar, in dem es wörtlich heißt: „... und Pierre Teilhard de Chardin ist der Vertreter der Synarchie bei der katholischen Kirche ..." Dieser Satz ist wahrscheinlich der wichtigste Beweis für die Logenzugehörigkeit Teilhard de Chardins. Die Erklärungen des Justizministers sind von Ministerpräsident Pierre Laval bestätigt worden. Beide kannten Teilhard persönlich nicht. Unter „Synarchie" versteht man die gemeinsamen Bestrebungen der Freimaurerei und anderer Geheimgesellschaften, einen einheitlichen Weltstaat mit einer einheitlichen Weltregierung und einer einheitlichen Weltreligion zu schaffen. Aus der „alten Kirche" soll eine „neue Kirche" werden, indem man die alte von innen heraus umfunktioniert. Politisch erstrebt die Synarchie, die als Zusammenfassung von geheimen Kräften der verschiedensten „Orden" zu verstehen ist, „die Integration aller sozialen und finanziellen Mächte, die diese Weltregierung unter sozialistischer Führung ... zu tragen und zu fördern hat".[138] Don Pablo weist sodann auf die Tatsache hin, „daß sämtliche Freimaurerlogen, ohne jeglichen

Unterschied, eine gewaltige Propaganda für Teilhards Werke entfalteten und die Verbreitung derselben in großartigster Weise förderten; zuerst wohlgetarnt, ganz im stillen und verborgenen, mit aller damals noch gebotenen Vorsicht, doch inzwischen obliegen sie ihrem Infiltrationsgeschäft schon ganz ungehemmt und mit unverschämter, zynischer Offenheit. Der bestätigten Informationen und Beweise dafür sind inzwischen nur zu viele geworden ... Eine gewisse Art von Gesellschaften, die bis jetzt, getreu ihrer Maulwurfsarbeit, nur im Untergrund vegetiert haben, sind nun dabei, ins volle Licht des Tages aufzutauchen und sich Namen zuzulegen, die gleich oder ähnlich klingen wie ‚Freunde von Teilhard de Chardin'; bei näherer Prüfung kann man unschwer erkennen, daß alle diese Gruppen und Grüppchen von der Loge, den Rotariern, den ‚Lions', und was der ähnlichen Nachtschattengewächse noch mehr sind, gebildet und insgeheim oder auch ganz offen gefördert werden".

Im Sommer 1966 erfuhr Don Pablo von zwei Freunden, die Freimaurer waren, daß die international arbeitende Freimauerei Anweisung gab, die Werke Teilhards mit vereinten Kräften so weit wie nur möglich zu verbreiten, vor allem auch im katholischen Spanien. Dieses Geständnis stimmt überein mit den diesbezüglichen Aussagen prominenter Freimaurer wie Yves Marsaudon (vom Conseil Supréme de France), Charles Riandey (wiederholt Großsekretär und Bundesrat der Grande Loge de France), Alexandre Chevalier (Großmeister des Grand-Orient de France) und Marius Lepage (Stuhlmeister der Großorient-Loge „Volney" von Laval). Was gestern

noch Geheimnis war, pfeifen heute schon die Spatzen von den Dächern. Es ist auch kein Geheimnis mehr, daß Teilhard Mitglied des Martinistenordens war, dessen geistiger Vater der französische Aftermystiker Louis Claude Martin, Marquis de Saint ist, auch Louis Claude de Saint-Martin genannt. Er ist 1743 geboren, wurde nach juristischen Studien Offizier und Anhänger der theosophischen Lehre von Jakob Böhme und lernte 1768 in Bordeaux Martines Pasqually kennen, einen Vertreter der pantheistischen jüdischen Kabbala, die als gnostische Geheimlehre zwischen dem 7. und 15. Jahrhundert ausgebildet wurde[139] und den bemerkenswerten Satz enthält: „Man hüte sich, die Todespille aus Strychnin den Christenhunden ohne eine verhüllende Beigabe vorzuwerfen, sondern wickle sie vielmehr in ein saftiges Stück Fleisch." Louis Claude Martin war 1769 Freimaurer geworden und gründete schließlich ein auf templerischer Grundlage beruhendes Hochgradsystem.[140]
Ein ausgezeichneter Kenner der Geheimgesellschaften sieht in Louis Claude de Saint-Martin den „wohl bedeutendsten unter den französischen Illuminaten . . . , der den von ihm mitgeschaffenen ‚Martinezismus' Pasquallys zu neuen geistigen Höhen führte . . . Saint Martin hatte die Lehre seines Meisters Pasqually weitgehend übernommen und fortentwickelt . . . Er erhöhte in Gegensatz zu seinem Lehrer die Bedeutung der Gestalt Christi . . . Nach Saint-Martin ist ‚vom Urquell des Lebens an bis auf den geringsten Keim der Materie alles eine ununterbrochene Progression, ein fortgehender Ausstrahl des Urlichts, eine Reihe von Potenzen, die aus der Einheit, als der Grundwurzel aller Zahlen flie-

ßen ...' Saint Martin hatte als Pseudonym für seine Arbeiten den ‚Philosophe Inconnu', den ‚Unbekannten Philosophen' gewählt. Diese Bezeichnung war seiner Verbindung zu den Straßburger ‚Supérieurs Inconnus' entnommen, deren Mitglied er mit aller Wahrscheinlichkeit gewesen ist ... Daß hier ein enger, zumindest geistiger Zusammenhang mit den Rosenkreuzern des deutschen Sprachraums bestanden hat, hat schon Marx nachgewiesen. Die Statuten der ‚Philosophes Inconnus' waren weitgehend identisch mit denen der sogenannten Prager Gold- und Rosenkreuzer ... Saint Martin starb im Alter von 60 Jahren am 13. Oktober 1803 in Aulnay ...

Die (jüngeren) Martinisten (nicht Martinezisten) des 19. und 20. Jahrhunderts leiten ihren ‚Ordre Martiniste' von Saint-Martin ab, obwohl nachweislich keine direkte Sukzession besteht oder bestehen kann, da er selbst keine organisierte Anhängerschaft hinterlassen hat. Ein Teil seiner Lehren wurde allerdings in den Nachfolgegesellschaften des 19. Jahrhunderts ... und von den stets nur durch einzelne Mitglieder auftretenden ‚Philosophes Inconnus' oder ‚Supérieurs Inconnus' (S.·. I.·.) weitervermittelt."[141] Als Gründer des modernen Martinistenorden gilt nach dem Internationalen Freimaurer-Lexikon der okkultistische Schriftsteller Marquis Stanislas de Guaita, der um das Jahr 1884 den Orden gegründet hat. Ohne die verworrene Entwicklung der jüngeren Martinisten hier weiter verfolgen zu wollen, sei nur noch erwähnt, daß im Jahre 1931 in Lyon eine Generalkonstitution des Martinistenordens vom Ordensrat herausgegeben wurde. Nach diesen Satzungen ist der Martinistenorden, der „unter den Auspizien unbekannter Oberer" wirkt, gnostischen Charakters. Seine drei Kampfziele sind: „Die Reintegration des menschlichen Wesens in seiner ursprünglichen Reinheit, die Annäherung des Menschen an Gott, die Vergeistigung der Menschheit."

Es ist nun kein Zufall, wenn in den Schriften Teilhard des Chardins immer wieder deutlich wird, daß er die Ideen Saint-Martins nicht nur kannte, sondern diese teilweise auch in sein System aufnahm. E. Benz, dem das Verdienst zukommt, in der deutschen Teilhard-Literatur auf diese Tatsache hingewiesen zu haben, nennt Louis Claude de Saint-Martin einfachhin den „Ahnherr der Ideen und der Terminologie Teilhards".[142]

Soviel mag genügen, um die Doppelrolle des Hochgradmaurers – die Martinisten nehmen nach ihrer Konstitution von 1931 nur Mitglieder des Meistergrades auf – und des Jesuiten Teilhard de Chardin besser verstehen zu können. Wer jahre- und jahrzehntelang den verzweifelten Versuch unternimmt, die esoterische und gnostische Unterwelt einer absolut unchristlichen Geheimwissenschaft mit dem geoffenbarten christlichen Glauben der katholischen Kirche in einer höheren Synthese wie der „Religion der Evolution" miteinander zu verbinden und zu versöhnen, versucht nicht nur etwas Unmögliches, sondern setzt sich auch der Gefahr aus, durch das Doppelspiel, Freimaurer und Christ sein zu wollen, ein gespaltenes Bewußtsein zu bekommen. Sollte ein solches bei Teilhard jemals nachgewiesen werden, so wäre eine derartige Diagnose wohl verständlich. Sollten aber die heutigen Freimaurer die

Zugehörigkeit Teilhards zu ihrer Geheimorganisation („geschlossene Gesellschaft") leugnen wollen – es mag sein, daß die Jesuiten das gleiche Interesse haben, obwohl es heute nicht mehr anstößig ist, Jesuit und Freimaurer zu sein – so werden sie durch das Zeugnis des Großmeisters Jaques Mitterand widerlegt. Er hat auf dem Generalkonvent des französischen Groß-Orient vom 3. bis 7. September 1962 Pierre Teilhard de Chardin einen „Wissenden und Weisen im Vollsinn des Wortes" genannt. Ein „Wissender und Weiser" kann aber, was alle Freimaurer wissen und auch die „Profanen" wissen sollten, nur ein Freimaurer sein. In seiner Ansprache hat Mitterand die Freimaurerei auch wörtlich als „Contre-Eglise" (= Gegenkirche) bezeichnet.

Im Dialog, den reguläre Freimaurer heute mit Vertretern der katholischen Kirche führen, wird immer wieder betont, daß es *die* Freimaurerei nicht gebe und daß man eben unterscheiden müsse zwischen antikirchlichen Logen, wie eben dem französischen Groß-Orient und anderen (regulären) Logen, die nicht antikirchlich oder gar antichristlich eingestellt seien. Dagegen ist festzustellen, was ich bereits in meiner Schrift über die antichristliche Freimaurerei[143] an zahlreichen Beispielen nachgewiesen habe, daß die autonome Geisteswelt aller auf dem Boden der „Alten Pflichten" stehenden Logen, und dazu gehören gerade die „regulären" humanitären Logen, wegen ihrer offenbarungsfeindlichen und antidogmatischen Einstellung mit dem christlichen Offenbarungsglauben schlechthin unvereinbar ist. So hat z. B. der Patriarch der deutschen Nachkriegsmaurer, Theodor Vogel, 1955 in Essen offen erklärt, daß

„der Freimaurer jeden Dogmaglauben ablehne“.[144] Nun ist aber der katholische Glaube seinem Wesen nach ein dogmatischer Glaube. Da alle Freimaurer immer wieder bekennen, daß sie sich selbst bis heute treu geblieben sind, kann sich also in ihrem Wesen nichts geändert haben. Wohl aber haben sie ihre Strategie und Taktik gegenüber der katholischen Kirche geändert, was ich in der obengenannten Schrift über die antichristliche Freimaurerei dargelegt habe. Aus all dem kann nur der Schluß gezogen werden: Wenn der Freimaurer jeden Dogmaglauben ablehnt, lehnt er notwendig auch den katholischen Glauben ab. Dann ist er auch antikirchlich orientiert, denn die Kirche ist ja auf dem Fundament des Glaubens aufgebaut. Ist aber jemand antikirchlich orientiert, dann ist er auch antichristlich, weil es authentisches Christentum ohne Kirche nicht gibt. Wohl gibt es ein sog. säkularisiertes Christentum, und manche rechnen diesem die Freimaurerei zu. Angesichts unserer glasklaren Logik ist der Versuch, authentisches Christentum und reguläre oder irreguläre Freimaurerei miteinander zu versöhnen, aussichtslos und hoffnungslos. Um so unverständlicher ist dann freilich die Tatsache, daß einige „progressive“ Kardinäle — unter ihnen auch Kardinal Döpfner — „katholische“ Freimaurer, die konsequent aus der Kirche ausgetreten waren, auf ihren und ihres Großmeisters Wunsch hin wieder in die Kirche aufnahmen, ihnen aber gleichzeitig erlaubten, Mitglieder der Loge bleiben zu dürfen. Mit dieser Methode ist es den Freimaurern gelungen, schon vor mehreren Jahren die Exkommunikation „katholischer“ Freimaurer zu unterlaufen und in gewissem Sinn bereits aufzuheben.

Schon auf dem Konzil haben freimaurerfreundliche Hierarchen und bewußt oder unbewußt unter freimaurerischem Einfluß stehende Konzilsväter — von einem verstorbenen französischen Kardinal wird sogar behauptet, daß er formell Freimaurer war — das Konzil so manipuliert, daß es das „89" der Kirche werden konnte, wie der promaurerische Kardinal Suenens 1971 in Brüssel sagte: „Le concil c'est 89 dans l'eglise." Die Zahl 89 dürfte eine Anspielung auf die große freimaurerische Revolution von 1789 sein, deren Parole „Gleichheit, Freiheit und Brüderlichkeit" übrigens erstmals von Louis Claude de Saint-Martin geprägt wurde. Die freimaurerische Revolution ist über Teilhard de Chardin hinaus in der nachkonziliaren Kirche in vollem Gang, die unheilvolle Verbrüderung mit den Freimaurern, deren Lakaien nicht nur gewisse Kardinäle der sog. „Rheinallianz" sind,[145] sondern auch hohe und höchste Würdenträger im Vatikan, hat der Kirche schon jetzt unabsehbaren Schaden zugefügt und wird, wenn dem Spiel mit der Elite Satans in der Gegenkirche nicht unverzüglich ein Ende bereitet wird, zu einer Katastrophe in der Kirche führen, wie sie die Geschichte noch nicht erlebt hat.

Neben Teilhard, dessen „neuer Glaube" an den Fortschritt und den Christus und Gott der Evolution nicht nur den progressistischen Holländischen Katechismus stark beeinflußt hat, sind heute zahlreiche theologische Irrlehrer am Werk, die hauptsächlich die Irrtümer der liberalen und existentialen evangelischen Theologie in die katholische Theologie übernehmen und sie hier als „neue Theologie" verkaufen. Meister in diesem Metier ist der in Tübingen lehrende Schweizer Theologe Hans Küng, mit dem L. Scheffczyk gründlich abgerechnet hat in der empfehlenswerten und für breitere Kreise verständlichen Schrift: „Aufbruch oder Abbruch des Glaubens?" Zum Buch H. Küngs „Christ sein".[146] Wenn Küng auch von ganz anderen theologischen Grundpositionen ausgeht als Teilhard de Chardin, so hat er mit diesem doch manches gemeinsam, vor allem das Prinzip Vieldeutigkeit. Außer Küng gibt es viele gleichgesinnte Söhne der Finsternis, die innerlich längst nicht mehr katholisch sind und dennoch in katholischen Priesterseminarien oder an theologischen Fakultäten die Gottheit Christi leugnen und die Theologie Satans verkünden dürfen. Solange dieser Zustand andauert, betrachte ich es nicht als Unglück, wenn manche Priesterseminare leerstehen oder langsam leer werden. Der Satan hat angesichts dieser Vorgänge wohl allen Grund zum Jaulen und seine irdische Elite sieht — wie schon so oft in der Kirchengeschichte — das Ende der Kirche nahen. Doch die Söhne der Finsternis werden das Ende der „Infamen" nicht erleben. Die göttliche Kirche wird sowohl ihre Gegner als auch ihre Verräter überleben und ihnen das „Requiem" singen. —

## 3. Zeichen des lebendigen Gottes

Der Gott des Alten Bundes, der „Gott Abrahams, Isaaks und Jakobs“ (Ex 3,6), ist ein „lebendiger Gott“ (Jos 3,10; Ps 83,3), kein toter Götze wie die Götter der Heiden, die Nichtse sind (1 Kor 8,4). Der lebendige Gott ist ein Gott der Offenbarung, der sich seinem Volk und allen Völkern zu erkennen gibt durch gewaltige, staunenerregende Machttaten und Zeichen. In Jesus Christus, seinem ewigen Sohn, der in der Zeit Mensch wurde, hat sich dieser unbegreiflich große Gott selbst in der „Fülle der Zeit“ (Gal 4,4) den Menschen geoffenbart und ihnen zahllose Zeichen seiner Existenz, seiner Gegenwart, seiner barmherzigen Liebe und seiner göttlichen Macht gegeben. Die heilsgeschichtliche Offenbarung Gottes geschah und geschieht auch heute noch nicht nur durch Worte (Wortoffenbarung) sondern immer auch durch Taten (Tatoffenbarung) Gottes. Das unerhört Neue der Gottesoffenbarung Jesu ist sein Zeugnis vom trinitarischen Gott, dem drei-einigen Gott, dessen einziges Wesen in drei verschiedenen göttlichen Personen lebt. Auf den Namen des dreieinigen Gottes sind nach dem Willen Jesu alle Menschen zu taufen, die an ihn und seine Frohe Botschaft vom Reiche Gottes glauben. „Christ sein“ heißt also zuerst und zuletzt nicht „Mitmenschlichkeit“ praktizieren, sondern auf den Namen des Vaters, des Sohnes und des Heiligen Geistes getauft sein und Lebens- und Liebesgemeinschaft mit dem drei-einigen Gott haben, der in jedem begnadeten und gläubigen Menschen lebt und wirkt. In der Gemeinschaft mit dem lebendigen trinitarischen Gott verwirklicht der Christ sodann in Glaube, Hoffnung und Liebe die ihm von diesem Gott gestellte Aufgabe, die im großen Gebot der Gottes- und Nächstenliebe ausgedrückt ist. Dieser christliche Gottes- und Weltdienst, bei dem sich die im Christen anwesende göttliche Liebe zusammen mit der menschlichen Liebe auswirkt, ist unendlich mehr als irgendeine rein „humanitäre" Mitmenschlichkeit, zu der auch Nicht-Christen, sowohl edle als auch unedle „Humanisten" ohne Gott fähig sind.

Der trinitarische Gott, der einzig wahre Gott, außer dem kein anderer Gott existiert, offenbart sich also in Jesus Christus und dieser lebt und wirkt in der von ihm gestifteten Kirche in der Geschichte fort. Jesus Christus hat seine Kirche auf den Felsenmann Petrus gegründet mit der Verheißung, daß die Mächte des Todes und der Unterwelt sie nicht überwältigen werden (Mt 16,18). Die einzige Kirche, die heute noch wie eh und je auf Petrus gebaut ist, ist die heilige, katholische und apostolische Kirche. Und in dieser Kirche offenbart sich Gott nach wie vor in Wort und Zeichen, damit alle Menschen guten Willens ihn erkennen und zum ewigen Leben gelangen können. Die Zeichen Gottes können Heils- oder Gerichtszeichen sein und sind als solche immer Zeichen seiner barmherzigen und gerechten Liebe zugleich.

Wer von den Zeichen der barmherzigen Liebe Gottes, den Heilszeichen in der katholischen Kirche der Gegenwart sprechen will, kann unmöglich den Ort übersehen, an dem wie sonst nirgendwo auf unserer Erde diese Zeichen in großer Zahl offenbar werden: Lourdes. „Seit der Himmelfahrt unseres

Herrn geschahen in keinem anderen Teil der Welt so viele Wunder wie gerade in diesem gesegneten Winkel der Pyrenäen."[147] Tausende von Heilungen leiblicher und seelischer Art, die für den Menschengeist geheimnisvoll sind und bleiben werden, sind solche Zeichen. Wenn in der Tat nur ein Bruchteil von ihnen von der Kirche offiziell als Wunder im strengen theologischen Sinn anerkannt worden sind, so hat das verschiedene Gründe, die in den Schriften der Präsidenten des Ärztebüros von Lourdes wie Le Bec, Leuret oder Olivieri nachgelesen werden können. Hier genügt die Feststellung, daß es Zeichen gibt, die als Wunder gelten, andere werden nicht als Wunder offiziell anerkannt, obwohl auch sie außergewöhnliche Zeichen sind, die Gottes machtvolle Liebe bezeugen. Nur ein einziges solches Zeichen, das bis heute von der Kirche noch nicht als „Wunder" anerkannt ist, sei hier kurz beschrieben. Der frühere Präsident des Ärztebüros von Lourdes, Dr. Leuret, berichtet: „Gérard Baillie aus St. Pol sur Mer in Nordfrankreich erblindete im Alter von zweieinhalb Jahren infolge einer erklärt unheilbaren Krankheit, die eine allmählich fortschreitende Zerstörung des inneren Gewebes der beiden Augen, der Gefäßhaut des Augapfels und der Netzhaut wie der Sehnerven nach sich zieht. Im Alter von zweieinhalb Jahren und einigen Wochen darüber wird er als Flüchtling aus der Gegend von Dünkirchen in die Kinderblindenanstalt von Arras gebracht. Diagnose: Doppelseitiger Gefäßhaut- und Netzhautschaden — Verkümmerung des Sehnervs — unheilbare Blindheit. Er bleibt zwei Jahre dort, und keine der zahlreichen Untersuchungen, die man mit ihm anstellte, ließ auch nur den geringsten

Zweifel an seiner Blindheit aufkommen. Im Alter von fünf Jahren findet er in Lourdes plötzlich das Augenlicht wieder. Am folgenden Tag wird er von einem namhaften Augenspezialisten untersucht. Diagnose: Doppelseitiger Gefäßhaut- und Netzhautschaden — Verkümmerung der Sehnerven — dieser Knabe sieht nichts, er kann unmöglich etwas sehen! Indessen: er sieht, und als er zum Abschluß seiner Pilgerfahrt ganz selbstverständlich zu der Kinderblindenanstalt zurückkehrte, von der er aufgebrochen war, bat man ihn nach vierundzwanzig Stunden, das Blindenheim zu verlassen. Von diesem Tage an besuchte er die normale Schule und lernte wie die anderen Kinder Lesen, Schreiben und Rechnen. Als er im folgenden Jahr, 1948, nach Lourdes zurückkam, wurde er von neuem von einem hervorragenden englischen Augenspezialisten untersucht, der dann folgende Erklärung abgab: ‚Dieses Kind leidet an doppelseitiger Gefäßhaut- und Netzhautzerstörung sowie an einer Verkümmerung der Sehnerven — es kann nichts sehen.' Indessen: es sieht! Nachdem im Laufe sich wiederholender Untersuchungen während zweier Jahre die Krankheit des kleinen Baillie nie in Zweifel gezogen war, auch nicht, als er sehen konnte, ohne die Voraussetzungen zum Sehen zu besitzen, ist er heute vollständig gesund. Er kann, bis zur Stunde, sehen (er hat eine Sehstärke von drei Zehnteln auf jedem Auge); und, was überhaupt unerklärlich ist, die Netzhaut und die beiden Sehnerven haben sich völlig regeneriert. Nach dem Urteil aller darum befragten Augenspezialisten hat man so etwas noch nie erlebt. Es handelt sich also hier um zwei voneinander zu unterscheidende Tatsachen, um zwei Phänomene zugleich, die unerklärlich bleiben müssen ohne eine übernatürliche Einwirkung.

1. Ein blindes Kind kann sehen, zwei Jahre lang, ohne die selbst für einen beschränkten Gebrauch des Augenlichts nötigen Organe zu besitzen.

2. Ein krankes Kind wird von einer Krankheit geheilt, von der man bisher noch niemanden gesunden sah."[148]

Mir scheint dieses Zeichen eines der größten Wunder zu sein, das je in Lourdes geschah. Doch vergessen wir nicht das größte Zeichen von Lourdes, das Urzeichen: Maria, die Unbefleckte Empfängnis, die vom 11. Februar bis zum 16. Juli 1858 als das „Große Zeichen am Himmel" (Apk 12) insgesamt 18-Mal der 14jährigen Bernadette Soubirous erschien und ihr eine wichtige Botschaft für das Heil der kranken Welt und der armen Sünder anvertraute. Mit diesem großen Zeichen vom Himmel hat Gott nicht nur seine eigene Existenz bezeugt und bewiesen, daß es noch eine andere Welt gibt, die jenseitige, übernatürliche Welt „drüben", aus der Maria in unsere Welt „herüber" — kam, er hat damit auch die Lehre der katholischen Kirche von der unbefleckten Empfängnis Mariens bestätigt, die erst vier Jahre vor den übernatürlichen Erscheinungen in Lourdes von Papst Pius IX. feierlich als unfehlbare Glaubenswahrheit (Dogma) verkündet worden war, eine Wahrheit, die von den Irrgläubigen und Ungläubigen — trotz tausendfacher Zeichen in Lourdes — nicht geglaubt wird. Maria nannte sich selbst bei der Erscheinung am 25. März 1858 die „Unbefleckte Empfängnis" — ein Titel, den Bernadette nicht verstand, und den sie ihrem Pfarrer mitteilen sollte. Um ihn nicht zu vergessen, sagte sie sich ihn auf dem Weg zum Pfarrhaus immer wieder vor.[149] Für den sehr kritischen Pfarrer Peyramale war dies der untrügliche Anhaltspunkt, der ihn an die Echtheit der Erscheinungen glauben ließ. Durch die außerordentlichen und übernatürlichen Ereignisse in Lourdes bestätigt der drei-einige Gott — dessen Lobpreis in dem feierlichen Gloria Patri et Filio et Spiritui Sancto nach jedem Rosenkranzgesetz und im Credo am Schluß der abendlichen Lichterprozession in Lourdes gesungen wird — auch die Marien- und Heiligenverehrung der katholischen Kirche. Denn er wirkt seine Wunder und Zeichen auf das Gebet der Gläubigen hin, die ihn dort anrufen und um die Fürsprache der Gottesmutter und der hl. Bernadette bitten. Kurz und gut: Gott selbst bezeugt, daß die katholische Kirche mit ihrem Glauben und ihrem Kult *seine* Kirche ist, die Kirche Jesu Christi, die vom Leib Christi lebt und der (mystische) Leib Christi ist. In diesem Leib nimmt Maria nach Christus den ersten und höchsten Platz ein.

Ein zweites „großes Zeichen“ gab uns Gott 1917 in Fatima. Drei Hirtenkinder, Lucia, Francisco und Jacinta sahen dort sechsmal die Rosenkranzkönigin Maria mit dem unbefleckten Herzen. Am 13. Mai erlebten sie die erste, am 13. Oktober die letzte Erscheinung. Am 13. Juli 1917 ließ Maria die Kinder in einer schrecklichen Höllenvision die Leiden der Verdammten schauen. Sie rief zur Umkehr, zum Gebet und Opfer für die Sünder auf, weil viele in die Hölle gehen, für die niemand betet und opfert. Dann wünschte Maria das tägliche Rosenkranzgebet und kündigte an, daß sie im Oktober ein großes

Wunder wirken werde, damit alle glauben können.[150]

Am 13. Oktober haben 50 bis 100 000 Menschen dieses Wunder in Fatima und im näheren Umkreis des Erscheinungsortes gesehen: das Sonnenwunder. Da Fonseca berichtet über dieses einzigartige Schauspiel: „Der Regen hörte plötzlich auf, die Wolken zerrissen und die Sonnenscheibe wurde sichtbar; doch sie war silbern wie der Mond. Mit einem Male begann die Sonne mit ungeheurer Geschwindigkeit wie ein Feuerrad um sich selbst zu kreisen, gelbe, grüne, rote, blaue und violette Strahlenbündel werfend, die Wolken, Bäume, Felsen, Erde und die ungeheuere Menge in phantastische Farben tauchten. Einen Augenblick hielt sie an, dann begann der Tanz der Feuerscheibe von neuem. Noch einmal stand sie still, um dann ein drittes Mal den wunderbaren Anblick zu bieten, noch farbenprächtiger, noch glänzender als vorher. Atemlos, verzückt stand die Menge. Plötzlich hatten alle den Eindruck, als löse sich die Sonne vom Firmament und eile auf sie zu. Ein vieltausendstimmiger Schreckenschrei gellte auf. Dann klang es durcheinander: ‚Ein Wunder, ein Wunder!' — ‚Ich glaube an Gott!' — ‚Ave Maria!' — ‚Mein Gott, Barmherzigkeit!' — Und die Leute warfen sich in dem Schlamm auf die Knie und beteten laut einen Reueakt.

Dieses Schauspiel dauerte gut zehn Minuten . . ."

Der Bischof von Fatima schrieb darüber in einem Hirtenbrief: „Das Sonnenphänomen vom 13. Oktober 1917 . . . war etwas Wunderbares und hinterließ in allen, die das Glück hatten, es zu sehen, einen unauslöschlichen Eindruck. Die Kinder hatten im voraus den Tag und die Stunde angegeben, in der es eintreten sollte. Die Kunde davon verbreitete sich schnell in ganz Portugal, und obwohl das Wetter unfreundlich war und es in Strömen regnete, fanden sich Tausende und Tausende von Personen dort ein, die der letzten Erscheinung beiwohnten und Zuschauer aller Phänomene waren, durch die das Tagesgestirn der Königin des Himmels und der Erde seine Huldigung darbrachte, jener Königin, die heller strahlt als die Sonne im Mittagsglanze (Hohel 6,9). Dieses Phänomen wurde von keiner Sternwarte registriert und war darum nicht natürlich: es wurde jedoch von Personen aller Stände und sozialen Schichten beobachtet, von Gläubigen und Ungläubigen, Journalisten der bedeutendsten portugiesischen Tageszeitungen, und auch von Leuten, die vom Orte des Geschehens mehrere Kilometer entfernt waren, wodurch die Erklärung, es könne sich um eine Massenillusion handeln, hinfällig wird."[151]

Das große Sonnenwunder bedarf keiner weiteren Interpretation mehr. Im Anschluß an dieses „große Zeichen am Himmel" wurde Fatima neben Rom und Lourdes zum größten Wallfahrtsort der katholischen Kirche. Die Fatimabewegung breitete sich in der ganzen katholischen Welt aus und wurde durch die „Peregrinatio" der Fatimamadonna in vielen Ländern der Welt wirksam gefördert. Zahlreiche Heilungen und noch mehr Bekehrungen wurden seither aus Fatima gemeldet: Zeichen vom Himmel und Zeichen der Zeit, die auch bei nichtkatholischen Christen großes Aufsehen erregten und beachtenswerte Stellungnahmen auslösten. So schrieb 1956 eine Gruppe evangelischer Christen aus Dresden in einem Memorandum über die Marienverehrung in der evangelischen Kirche: „Eine vorurteilslose Kritik steht in Lourdes, Fatima und anderen marianischen Gnadenorten vor übernatürlichen Tatsachen, die in engster Verbindung mit der Jungfrau Maria stehen — seien es ihre Erscheinungen oder die nachfolgenden wunderbaren Gebetserhörungen auf Anrufung ihrer Fürbitte hin — und für die es einfach keine natürliche Erklärung gibt. Wir wissen — oder wir sollten es eigentlich wissen —, wie streng wissenschaftlich in Lourdes und Fatima die Krankenheilungen auch von nichtkatholischen Ärzten untersucht werden und wie lange es dauert, ehe die katholische Kirche dazu schreitet, eine Krankenheilung als ein Wunder zu erklären . . ."

Über den Sinn dieser übernatürlichen Zeichen lesen wir in dem Memorandum aus Dresden: „Kommt Gott nicht dem modernen Unglauben in erschütternder Weise entgegen? Wie will der Ungläubige, der um diese Tatsachen weiß, sich jemals rechtfertigen, wenn er weiter in seinem Unglauben beharrt . . . ? Wenn Maria bei ihren Erscheinungen zur Welt spricht, kann es nur mit Gottes Willen geschehen. Kann es da nicht unheilvollster Irrtum sein, wenn wir ohne weiteres die Ohren dagegen verschließen . . . ? Soll alles Zeitgeschehen mehr und mehr den Mächten der Finsternis verfallen, ohne daß wir diese gottgegebene Macht des Lichtes zu unserer Rettung erfassen . . .? Heute, wo es um Sein oder Nichtsein des Christentums in diesem oder jenem Lande geht, wäre es letzte Verantwortungslosigkeit, die Stimme Gottes, der durch Maria zur Welt spricht, nicht hören zu wollen — nur, weil sie über die katholische Kirche zu uns dringt ... Auf keinen Fall dürfen diese Dinge bei uns noch länger totgeschwiegen werden! Wir müssen sie prüfen: vorurteillos, gründlich und ohne Aufschub, denn der Untergang droht an unseren Grenzen, und es besteht die Möglichkeit, daß wir durch Nichtanerkennung und Nichtbefolgung der Botschaften Gottes durch Maria die rettende Hand, die der Himmel uns noch einmal reicht, zurückstoßen.

Wir fordern nicht nur die evangelisch-lutherische Kirchenleitung zu einer Untersuchung und Stellungnahme auf, sondern bitten auch alle anderen christlichen Gemeinschaften, wie sie sich auch nennen mögen, sich mit den diesbezüglichen amtlichen Erklärungen der katholischen Kirche auseinanderzusetzen und unser Verlangen nach einer sachlichen Prüfung dieser unendlich wichtigen Tatsachen allerorten nachdrücklich zu unterstützen. Sind diese nicht zu widerlegen, so müssen auch alle Konsequenzen daraus gezogen werden!"[152]

Es war vorauszusehen, daß diese Forderung erleuchteter evangelischer Christen in ihrer Kirche weder den gewünschten Widerhall finden, noch die notwendigen Reaktionen auslösen würden. Noch betrüblicher ist allerdings die Tatsache, daß selbst in der katholischen Kirche viele den Ernst dieser Zeichen des lebendigen Gottes noch nicht erfaßt haben und sich beharrlich um die Konsequenzen drücken, die sich daraus für uns alle unausweichlich ergeben.

Aus diesem Grund gab Gott uns 1953 noch einmal ein erschütterndes Zeichen vom Himmel: die weinende Madonna von Syrakus.[153] Ein Bild des Unbefleckten Herzens, das den Eheleuten Angelo Jannuso und Antonina Giusto zu ihrer Hochzeit am 21. März 1953 von einer Verwandten geschenkt wurde, begann in der Frühe des 29. August 1953 über dem Bett von Antonina plötzlich an zu weinen. Ihr Mann war zur Feldarbeit gegangen und die Frau lag mit einer Art Schwangerschaftsvergiftung zu Hause. Die Krankheit verursachte ihr fürchterliche Schmerzen. Bei Tag und Nacht wurde sie von Krämpfen geschüttelt, manchmal verlor sie dabei die Sehkraft. Bis etwa 8.30 Uhr konnte sie am 29. August nicht sehen, da erwachte sie aus einem Krampf und sah, wie das Bild der Madonna weinte. Ihr Kopf lag am Fußende des Bettes, als sie die ersten Tränen aus den Augen des toten Gipsbildes fließen sah. In diesem Augenblick war sie geheilt. Mit Unterbrechungen flossen die Tränen auch an den folgenden Tagen bis zum 1. September 1953. Wissenschaftliche Untersuchungen ergaben, daß das Weinen des Bildes nicht natürlich erklärt werden kann. Die Tränen wurden fotografiert, später in einem Saugröhrchen aufgefangen und schließlich auch chemisch analysiert. Das Ergebnis dieser Analyse: „Das Aussehen, der pH-Wert und die Zusammensetzung geben Anlaß, die untersuchte Flüssigkeit in ihrer Zusammensetzung dem menschlichen Tränensekret gleichzusetzen.

Syrakus, 3. September 1953

gez. Dr. Michele Cassola, Direktor der mikrografischen Abteilung des Provinzlaboratoriums

Dr. Francesco Cotzia, Assistent, mikrografische Abteilung Provinzlaboratorium Syrakus

Prof. Dr. Leopoldo La Rosa, Gesundheitschemiker

Dr. med. Mario Marletta, Chirurg."

Der zuständige Pfarrer Guiseppe Bruno, der den Prüfungen beiwohnte, bestätigte, daß er den Eid der Unterzeichner entgegennahm, die in seiner Gegenwart unterschrieben haben.[154]

Ungezählte Menschen haben die Tränen der Madonna mit eigenen Augen gesehen, Millionen pilgerten nachher nach Syrakus, viele fanden wieder den Weg zur Kirche und den Sakramenten, d. h. zu Christus zurück. Die Welle der Bekehrung wurde unterstützt durch viele Heilungen. In kurzer Zeit waren 600 Heilungen erfolgt, 180 wurden durch die Presse veröffentlicht. Am 12. Dezember 1953 gaben die Bischöfe Siziliens folgende Erklärung zu dem Tränenwunder ab: „Die zur üblichen Konferenz in Bagheria (Palermo) versammelten Bischöfe von Sizilien haben den ausführlichen Bericht des Erzbischofs von Syrakus Baranzini über das ‚Weinen' des Bildes vom Unbefleckten Herzen Mariens angehört, das sich wiederholt am 29., 30., 31. August und am 1. September dieses Jahres in Syrakus (Via degli Orti 11) ereignete. Nach gründlicher Sichtung der Zeugenaussagen in den Originalberichten sind sie einmütig zu dem Schluß gekommen, daß die Tatsächlichkeit des Weinens nicht in Zweifel gezogen werden kann. Sie hegen den Wunsch, die Äußerungen der Himmlischen Mutter möge alle zu heilsamer Buße und zu lebendiger Verehrung des Unbefleckten Herzens Mariä aufrufen. Sie erhoffen die baldige Errichtung eines Heiligtums zur bleibenden Erinnerung an das Wunder.

† Kardinal Ruffini, Erzbischof von Palermo."[155]

Zehn Jahre später sagte Erzbischof Clemente Gaddi von Bergamo in einer Gedenkrede in Rom: „Das Ereignis, das die Welt in einem Maße erschütterte, wie es nur ein echtes Wunder tun kann, ist als historische Tatsache gesichert. Es steht außerhalb jedes vernünftigen Zweifels. Sieht man aber von den Maßstäben ab, die die Kirche an solche Ereignisse legt, so läßt sich kein Vergleich anstellen zwischen den Erscheinungen und dem Sprechen der Gottesmutter einerseits und den Tränen der Madonna von Syrakus andererseits. Bei den Erscheinungen und späteren Visionen, ebenso bei den Worten, die Maria sprach, handelte es sich um wenige oder einzelne Menschen, denen dieses Ereignis zuteil wurde: eine Kontrolle ist daher, genaugenommen, unmöglich. Die Wirklichkeit des Geschehenen läßt sich nur auf indirektem Weg feststellen, nämlich aus den heilsamen Folgen, die sich aus dem Ereignis ergeben. Im Fall der Tränen aber steht die Tatsache unter der Kontrolle eines jeden, der die Tränen sah, berührte, sammelte und schließlich prüfte. Es sind Tränen, die aus einem bescheidenen Madonnenbild herabflossen, und die Zeugen dafür sind Legion. Sie stammen aus jedem Stand, aus jeder sozialen Schicht, aus jeder Konfession. Jede Möglichkeit der Halluzination oder Suggestion ist ausgeschlossen. Wir befinden uns auf dem Boden der sichersten historischen Wahrheit."[156]
Das sind nur einige große Zeichen, die Gott in unserer Zeit geschehen ließ, damit wir uns bekehren und gerettet werden. Darüber hinaus ist die ganze Kirchengeschichte voll von Wundern und Zeichen, die Gott auf die Fürsprache der Heiligen gewirkt hat. W. Schamoni hat in seinem Werk „Wunder

sind Tatsachen"[157] eine umfangreiche Dokumentation solcher Wunder-Tatsachen aus Heiligsprechungsakten vorgelegt. In der Tat: Gott ist wunderbar in seinen Heiligen, die ihn bezeugen und deren Heiligkeit er durch Wunder und Zeichen bestätigt. Genaugenommen bestätigt Gott aber in den Verdiensten der Heiligen in erster Linie seine Gnade, ohne die das Zeugnis der Heiligen undenkbar wäre. Die Heiligen haben durch ihre heroische Christusnachfolge ihrem Herrn in außergewöhnlicher und vorbildlicher Weise gedient und werden deshalb vom Vater geehrt, gemäß dem Wort Jesu: „Wenn einer mir dient, wird der Vater ihn ehren" (Joh 12,26).

Die nichtkatholischen Christen, die an der katholischen Marien- und Heiligenverehrung Anstoß nehmen, sollten dieses Jesuswort wohl bedenken und verstehen, daß in der katholischen Marien- und Heiligenverehrung nach der Schrift Gott selbst am Werk ist, genau so, wie er sich selbst und seine Gnade in den Heiligen bezeugt. Das gilt in besonderer Weise von der Marienverehrung. Wie kein anderes Geschöpf hat Maria Christus, dem Sohn des lebendigen Gottes, gedient. Sie wird deshalb auch mehr als alle anderen Heiligen von Gott geehrt. Ihr Wort: „Von nun an werden mich seligpreisen alle Geschlechter" (Lk 1,48) ist von der katholischen Kirche zu allen Zeiten erfüllt worden. Mehr denn je aber ist in den letzten 150 Jahren die Ehre der Gottesmutter in der Kirche Jesu Christi verkündet und ihr Lob vom Gottesvolk gesungen worden.

Das große endzeitliche marianische Zeitalter wurde schon vom Hl. Ludwig Maria Grignion von Montfort

(† 1716) prophetisch geschaut und angekündigt.[158] Die Marienverehrung nahm im 19. Jahrhundert einen bis dahin noch nicht erlebten Aufschwung, weltweite marianische Apostolatsbewegungen entstanden, im Zeitraum von 100 Jahren hat die Kirche zwei marianische Dogmen verkündet: das der unbefleckten Empfängnis durch Papst Pius IX. (1854) und das der leiblichen Aufnahme Mariens in den Himmel durch Papst Pius XII. (1950). Große Hoffnungen setzen die wahren Kinder Mariens auf die noch ausstehende dogmatische Definition der einzigartigen Mitwirkung Mariens beim Erlösungswerk. Dabei geht es vor allem um das Geheimnis der allgemeinen Gnadenvermittlung der Mutter Jesu, die schon in der Väterzeit vom Hl. Ephräm dem Syrer „Mittlerin der ganzen Welt" genannt wurde. Wenn Christus der „einzige Mittler zwischen Gott und den Menschen ist" (1 Tim 2,5), da er *allein* durch sein Versöhnungsopfer am Kreuz die Erlösungsgnade für die ganze Menschheit, auch für Maria, erwarb und die Menschen mit Gott vollkommen versöhnte, so ist damit eine sekundäre, von der Mittlerschaft Christi abhängige und ihr untergeordnete Mittlerschaft Mariens nicht ausgeschlossen. Maria wird mit Recht „Mittlerin aller Gnaden" genannt, weil sie durch ihr Jawort zur Menschwerdung des ewigen Sohnes Gottes, das sie als Vertreterin der ganzen Menschheit sprach, der Welt den Erlöser geschenkt hat, der die Quelle aller Gnaden ist. Als im Voraus Erlöste sprach Maria das Wort: „Siehe, ich bin eine Magd des Herrn, mir geschehe nach deinem Wort" (Lk 1,38) und ermöglichte durch diese freie Zustimmung zum Heilsplan Gottes die Menschwerdung des Gottessohnes, der uns durch sein Heilswerk, das am Kreuz vollendet wurde, von der Sünde erlöst und zu Kindern Gottes gemacht hat. Maria ist dadurch zur zweiten Eva und für das ganze Menschengeschlecht zur „Ursache des Heiles" geworden, wie Irenäus sagt. Seit dem 14. Jahrhundert wird Maria mit dem Titel Corredemptrix = Miterlöserin geehrt. Dieser Titel darf allerdings „nicht im Sinne einer Gleichstellung der Wirksamkeit Mariens mit der Erlösertätigkeit Christi, des einzigen Erlösers der Menschheit (1 Tim 2,5) aufgefaßt werden. Da sie selbst erlösungsbedürftig war und auch tatsächlich von Christus erlöst wurde, so konnte sie nicht der Menschheit die Erlösungsgnade verdienen ... Ihre Mitwirkung an der objektiven Erlösung ist eine *indirekte,* entfernte Mitwirkung, insofern sie ihr ganzes Leben freiwillig in den Dienst des Erlösers stellte und mit ihm unter dem Kreuze litt und opferte. ‚Sie hat ihn', wie Pius XII. in der Enzyklika ‚Mystici Corporis' (1943) bemerkt, ‚auf Golgotha zusammen mit dem gänzlichen Opfer ihrer Mutterrechte und ihrer Mutterliebe dem ewigen Vater dargebracht als neue Eva für alle Kinder Adams' (D. 2291) ... In der Kraft der von Christus verdienten Erlösungsgnade hat Maria durch ihr geistiges Eingehen auf das Opfer ihres göttlichen Sohnes für die Menschen Sühne geleistet und die Zuwendung der Erlösungsgnade Christi verdient. Auf diese Weise hat sie an der *subjektiven* Erlösung der Menschen mitgewirkt."[159] Durch ihre Fürbitte im Himmel wirkt Maria an der Zuwendung aller Erlösungsgnaden an die Menschen mit. Viele Theologen und die letzten Päpste sind davon überzeugt, daß Maria als geistige Mutter aller Erlösten, als „Mutter der Kirche" (Paul VI.) und „Urbild der Kirche" (Ambrosius) uns nicht nur in Christus alle Gnaden geschenkt hat, sondern daß sie durch ihre ständige mütterliche Fürbitte auch für das übernatürliche Leben ihrer Kinder sorgt, indem sie an der Austeilung aller Gnaden, die durch die Kirche vermittelt werden, mitwirkt. Schon 1921 hat die Kirche die Verehrung der „Mittlerin aller Gnaden" durch Einführung eines diesbezüglichen Festes in die Liturgie gestattet. Auch das II. Vatikanische Konzil hat auf die mittlerische Funktion Mariens hingewiesen und von Maria gesagt: „Indem sie Christus empfing, gebar und nährte, im Tempel dem Vater darstellte und mit ihrem am Kreuz sterbenden Sohn litt, hat sie beim Werk des Erlösers in durchaus einzigartiger Weise in Gehorsam, Glaube, Hoffnung und brennender Liebe mitgewirkt zur Wiederherstellung des übernatürlichen Lebens der Seelen. Deshalb ist sie uns in der Ordnung der Gnade Mutter. Diese Mutterschaft Marias in der Gnadenökonomie dauert unaufhörlich fort, von der Zustimmung an, die sie bei der Verkündigung gläubig gab und unter dem Kreuz ohne Zögern festhielt, bis zur ewigen Vollendung aller Auserwählten. In den Himmel aufgenommen, hat sie diesen heilbringenden Auftrag nicht aufgegeben, sondern fährt durch ihre vielfältige Fürbitte fort, uns die Gaben des ewigen Heils zu erwirken. In ihrer mütterlichen Liebe trägt sie Sorge für die Brüder ihres Sohnes, die noch auf der Pilgerschaft sind und in Gefahren und Bedrängnissen weilen, bis sie zur seligen Heimat gelangen. Deshalb wird die selige Jungfrau in der Kirche unter dem Titel der Fürsprecherin, der Helferin, des Beistandes und der Mittlerin angerufen. Das aber ist so zu verstehen, daß es der Würde und Wirksamkeit Christi, des einzigen Mittlers, nichts abträgt und nichts hinzufügt."[160]

Die heilige katholische und apostolische Kirche, die auf Petrus gegründete Kirche Jesu Christi, dankt dem lebendigen, drei-einigen Gott für das große Gnadengeschenk, das er ihr in Maria geschenkt hat, und für die vielen großen Zeichen, die er der gesamten Menschheit durch Maria, das „große Zeichen" der Apokalypse, immer noch gibt. Ihre Lichtgestalt legt Zeugnis von Gott ab, von dem das Neue Testament sagt, daß er „Licht ist" (1 Joh 1,5) und „in unzugänglichem Lichte wohnt" (1 Tim 6,16). Wer zu Maria seine Zuflucht nimmt, sie vertrauensvoll anruft und kindlich verehrt, wird mit ihr die Finsternis überwinden und „Licht im Herrn" sein (Eph 5,8). Möge ihre Fürbitte dazu beitragen, daß aus den Söhnen der Finsternis „Kinder des Lichtes" werden (Joh 12,36), die „dem unvergänglichen, unsichtbaren, einzigen Gott" die Ehre geben (1 Tim 1,17) und die Großtaten dessen verkünden, der sein Volk „aus der Finsternis in sein wunderbares Licht berufen hat" (1 Petr 2,9).

# SCHLUSSWORT

Vielleicht hat mancher Leser dieser Schrift über die „theologische Finsternis“ mehr erwartet, als ihm hier geboten wurde. Aus dem Pluralismus der theologischen Irrlehren sind hier nur zwei Glaubens-Fragen herausgegriffen und besprochen worden: der Teufelsglaube und der Gottesglaube. Auf dem engbegrenzten Raum, der ohnehin schon gesprengt und überschritten wurde, konnten weitere theologische Probleme nicht mehr behandelt werden, wenn nicht auf eine einigermaßen gründliche Auseinandersetzung von vornherein verzichtet werden sollte. Der Verfasser wollte darauf nicht verzichten und hat sich deshalb auf die beiden buchstäblich letzten Wahrheiten des christlichen Glaubens beschränkt, auf die Wirklichkeit Gottes und des Teufels und einschlußweise auch auf die damit verbundenen Endschicksale der Menschen: Himmel und Hölle. Wenn in diesem Zusammenhang noch nach einer Rechtfertigung dieser Schrift gefragt werden sollte, so kann sie nur darin bestehen, für die Wahrheit Zeugnis zu geben und die Ruhmestaten dessen zu verkünden, der uns „aus der Finsternis in sein wunderbares Licht berufen hat“ (1 Petr 2,9).

# ANHANG

## 1. „Erklärung zum Geschehen von Klingenberg"

Der Tod von Anneliese Michel in Klingenberg, die sich für besessen hielt und nach einem theologischen Gutachten unter dämonischer Besessenheit gelitten haben soll, wurde von der veröffentlichten Meinung in der Bundesrepublik Deutschland zum Teil in tendenziöser Weise hochgespielt. Die Studentin verweigerte die Nahrungsaufnahme und starb an Unterernährung. Mit Erlaubnis des zuständigen Bischofs von Würzburg wurde der Große Exorzismus über sie gebetet. Diese Tatsache führte in der Öffentlichkeit nicht nur zu scharfen Angriffen gegen Bischof Dr. Josef Stangl von Würzburg, gegen den mehrere Strafanzeigen erstattet wurden, sondern auch zu unqualifizierten Äußerungen gegen den „überholten" Teufelsglauben der katholischen Kirche, der von ungläubiger Seite für den Tod der 23jährigen Studentin irgendwie mitverantwortlich gemacht wurde.

Am 11. August 1976 nahm Bischof Dr. Josef Stangl zum Geschehen in Klingenberg in einer Erklärung Stellung, die als Sonderbeilage zum Würzburger Diözesanblatt Nr. 16 am 12. August 1976 veröffentlicht wurde und folgenden Wortlaut hat:

Der Tod der Pädagogikstudentin Anneliese Michel in Klingenberg am 1. Juli 1976 hat zu zahlreichen Fragen in der Öffentlichkeit geführt, Fragen, die sich nicht zuletzt an den Bischof von Würzburg und an die bischöfliche Behörde Würzburg richten. Die

Öffentlichkeit erwartet eine Antwort, die nichts zu vertuschen, sondern möglichst Klarheit in dieses tragische Geschehen zu bringen versucht. Im folgenden nehmen deshalb der Bischof und das Bischöfliche Ordinariat Würzburg zu den wichtigsten Fragen Stellung.

*Was lehrt die Kirche über Teufel und Dämonen?*

Das Neue Testament sagt, Jesus habe Dämonen ausgetrieben. In einigen kirchlichen Lehräußerungen (z.B. des 4. Laterankonzils von 1215) ist vom Teufel die Rede. Für solche Aussagen gilt, was bei allem menschlichen Reden berücksichtigt werden muß: Es ist zu verstehen auf dem Hintergrund der jeweiligen Zeit und aus dem Zusammenhang, in dem es steht.

1. Ein Blick auf das Weltbild der Bibel zeigt, daß sich der Mensch des biblischen Kulturraumes die Welt ohne Dämonen nicht vorstellen konnte. Neben anderen Einflüssen mag dazu auch das unmittelbare Erleben beigetragen haben, daß den Menschen das Böse oft wie eine unentrinnbare Macht anfällt, daß der Mensch in sich nicht selten einen Drang zum Bösen verspürt. Dieses Weltbild wird auch von entsprechenden späteren kirchlichen Äußerungen vorausgesetzt, ohne daß es damit im einzelnen als verpflichtender Teil der kirchlichen Lehre selbst angesehen werden muß.

2. Berücksichtigt man den Zusammenhang, in dem solche Aussagen stehen, dann zeigt sich, daß es, wo vom Teufel oder von Dämonen die Rede ist, letztlich immer um die Macht Gottes geht. Bibel wie kirchliche Lehräußerungen wollen also nicht eine Lehre über den Bösen, eine „Satanologie“ entfalten.

Es geht ihnen vielmehr einzig darum, zu sagen, daß Gott und nur Gott stärker ist als alles Böse.

3. Aussagen über das Böse oder den Teufel sind demnach dort falsch und widerstreiten dem Geist des Neuen Testamentes und der kirchlichen Überlieferung

- wo sie differenziert etwas über das Wesen und Verhalten von Teufeln oder Dämonen zu wissen glauben;

- wo sie eine Drohbotschaft beabsichtigen, den Menschen also Schrecken einjagen, anstatt Vertrauen zu dem Gott zu wecken, der keinen ernsthaften Konkurrenten in dieser Welt haben kann.

*Was versteht die Kirche unter „Besessenheit" und „Exorzismus"?*

Die Vorstellung von „Besessenheit" hat in der Geschichte der Kirche zeitweilig, vor allem im späten Mittelalter, eine verhängnisvolle Rolle gespielt. Dies war damals – abgesehen von anderen, kulturgeschichtlichen Gründen – nur möglich, weil fundamentale Wahrheiten christlichen Glaubens vernachlässigt wurden.

1. Die Kirche lehrt, daß der Mensch durch Glaube und Taufe im Heil Gottes ist, und daß auch die Nichtgetauften am Heil Gottes teilhaben. So ist der Mensch grundsätzlich der Macht des Bösen entzogen. Es widerspricht deshalb ausdrücklich dem Glauben der Kirche, von einem Menschen zu behaupten, er sei etwa schon „im Mutterleibe verflucht" worden oder es seien „die bösen Geister stärker als die guten".

2. Das, was man „Besessenheit" bezeichnete, kann nach heutiger Sicht zwei Tatbestände umfassen: Es kann — und das war es wohl meist — eine schwere Erkrankung sein. Es kann auch — solche Erfahrungen der Mystik lassen sich kaum leugnen — ein besonders tiefes Eintauchen des Menschen in den Leidensweg Jesu sein, der nach Aussage der Bibel bis in das Erlebnis der Gottverlassenheit ging. Beispiele dafür sind aus dem Leben der Heiligen bekannt.

3. Unter „Exorzismus" ist deshalb nicht eine mit magischen Mitteln arbeitende Teufelsaustreibung zu verstehen. Exorzismus ist nichts anderes als das Gebet der Kirche im Namen Jesu für einen Menschen, der seiner nicht mehr mächtig ist, sich ausgeliefert fühlt, sogar selbst nicht mehr beten kann. Wer den Exorzismus anders versteht oder ihn anders vollzieht, steht gegen das Glaubensverständnis der Kirche.

4. Dieses Gebet schließt selbstverständlich medizinische Hilfeleistung niemals aus, es verpflichtet sogar dazu. Beten heißt nämlich nach christlichem Verständnis nicht, Gott etwas abzwingen, sondern sich in den Willen Gottes stellen. Gott will aber, daß ein Mensch dem anderen Menschen mit allen Mitteln hilft. Zu diesen Mitteln gehört für einen Kranken die medizinische Hilfe. Für jemanden beten, ihm aber eine Heilbehandlung vorenthalten, ist unchristlich.

*Wie sind die Klingenberger Ereignisse zu beurteilen?*

1. Im Augenblick ist ein endgültiges Urteil über die Klingenberger Ereignisse nicht möglich, da dem Bischöflichen Ordinariat die Tatsachen nicht lückenlos

bekannt sind. Das Wissen der behandelnden Ärzte ist nicht ohne weiteres zugänglich, da diese an die Schweigepflicht gebunden sind. Ein fachärztliches Gutachten liegt noch nicht vor. Die aufgetretenen Symptome – soweit öffentlich bekannt – sind dem Psychiater nicht fremd. Sie gehören dem medizinischen Bereich an. Überdies bezeichnet das Rituale Romanum Äußerungen, durch die sich der „Dämon" mit Verstorbenen identifiziert, als unglaubwürdig (Tit. XII, Cap. I, n. 14).

2. Der Bischof hat die Erlaubnis zum Gebet des Exorzismus erteilt in der Überzeugung, die als letzte Hoffnung mit großer Zuversicht vorgetragene Bitte der jungen Frau, ihrer Familie und der Priester nicht ablehnen zu dürfen. Maßgebend für ihn war, daß Anneliese Michel die harte Prüfung ihres Leidens als religiöser Mensch voll Bereitschaft auf sich nahm, hineingenommen in das Kreuz Christi, wobei sie freilich kirchliche Hilfe erwartete.

3. Die öffentliche Wiedergabe von Tonbandaufnahmen, die Äußerungen der Patientin enthalten, stellt einen bedauerlichen Eingriff in die Intimsphäre dar. Ein mit dem Exorzismus betrauter Priester, der dabei mitwirkt, verletzt seine Verschwiegenheitspflicht und verstößt gegen die Anweisungen des Rituale Romanum, wonach für die betroffene Person „abseits von der Menge" der Exorzismus zu beten ist und nur „wenige" anwesend sein sollen. Sinn dieser Vorschrift ist der Schutz des Persönlichkeitsrechtes des Betroffenen.

4. Niemals kann ein Exorzismus ärztliche Hilfe ersetzen. Mit Entschiedenheit sind Äußerungen zurückzuweisen, durch die der Eindruck entstehen

konnte, als ob die Behandlung in einem Nervenkrankenhaus ein Übel sei, vor dem ein Patient bewahrt werden müßte.

5. Eine strafrechtliche Würdigung des Falles ist Sache der staatlichen Behörden.

*Welche Folgerungen gedenkt die bischöfliche Behörde aus dem Vorgefallenen zu ziehen?*

In der Sicht der bischöflichen Behörde müssen Konsequenzen kirchendisziplinärer, theologisch-wissenschaftlicher und pastoraler Art gezogen werden.

1. Die Diözesanleitung behält sich – unabhängig von gerichtlichen Ermittlungen – ein innerkirchliches Verfahren wegen etwaiger Pflichtverletzungen vor. In diesem Verfahren sind nicht strafrechtliche Tatbestände zu klären, sondern Fragen der kirchlichen Lehre und des pastoralen Verhaltens.

2. Die Diözesanleitung bittet die Fachtheologen, aber auch die Vertreter einschlägiger anderer wissenschaftlicher Disziplinen, wie Psychologie, Psychiatrie, Soziologie u. a., in möglichst interdisziplinären Untersuchungen die Fragen weiter zu klären, die im Hintergrund solcher Ereignisse stehen.

3. Die Diözesanleitung wird für Seelsorge, Verkündigung und Bildungsarbeit die nötigen Schritte unternehmen und die nötigen Hilfsmittel bereitstellen, um – auch auf vielen anderen Gebieten zu beobachtende – verhängnisvolle Formen angeblicher Frömmigkeit einzudämmen und einem Glaubensverständnis den Weg zu ebnen, wie es die Not der Zeit heute braucht. Es kann nicht Aufgabe der Kirche sein, den Menschen Schrecken vor dem Bösen einzujagen. Wer dies tut, handelt verantwortungs-

los. Aufgabe der Kirche ist es, den Menschen Zuversicht und Sicherheit aus dem Glauben an die Erlösung zu geben, ihnen den Sinn ihres Lebens und Leidens zu zeigen und sie zum Widerstand gegen das Böse und zum Eintreten für das Gute zu befähigen.

Würzburg, 11. August 1976

† Josef, Bischof von Würzburg

## 2. Antwort auf die Erklärung von Bischof Dr. Josef Stangl

Vierzehn Tage nach der Veröffentlichung der bischöflichen Erklärung schrieb der Verfasser dieser Schrift folgenden Brief an den Bischof von Würzburg:

25. 8. 1976

Hochwürdigster, sehr geehrter Herr Bischof
Dr. Josef Stangl!

Sie sind vielen als gütiger und väterlicher Priester und Bischof bekannt. Umso mehr sind Ihre Freunde und Glaubensgenossen von dem tiefen Leid mitbetroffen, das Ihnen durch eine öffentliche Kampagne zugefügt wird, die von gewissen Kreisen gegen Ihre Person und den Glauben unserer Kirche in Gang gesetzt worden ist. Zweifelhafte Humanisten wollen offensichtlich den tragischen „Fall Klingenberg“ zu einem „Fall Stangl“ machen. Was Ihren Gegnern nicht gelingen dürfte, das ist nun in unerwarteter Weise durch Ihre „Erklärung zum Geschehen von Klingenberg“ vom 11. August 1976 Wirklichkeit geworden. Die theologischen Aussagen dieser „Erklärung“, die als Sonderbeilage zum Würzburger Diözesanblatt Nr. 16 am 12. August 1976 und in der „Deutschen Tagespost“ vom 17. August 1976 veröffentlicht wurde, enthalten nämlich so schwerwiegende Irrtümer, daß ich es — unbeschadet der Ehrerbietung, die ich Ihnen schulde — als schwere Gewissenspflicht betrachte, Sie, Herr Bischof, darauf aufmerksam machen zu müssen.

Meine Kritik richtet sich dabei nur auf Aussagen der ersten beiden Abschnitte Ihrer Erklärung, die unter den Titeln stehen: „Was lehrt die Kirche über Teufel und Dämonen?“ und „Was versteht die Kirche unter ‚Besessenheit‘ und ‚Exorzismus‘?“

Was den ersten Abschnitt betrifft, so wird hier die verbindliche Lehre der Kirche über Teufel und Dämonen ganz und gar verfälscht dargestellt. Wenn man davon ausgeht, daß in Jesus Christus das Fleisch gewordene Wort Gottes (Joh 1,14) selbst zu uns spricht, und daß in kirchlichen Lehräußerungen, wie etwa denen des in Ihrer „Erklärung“ genannten 4. Laterankonzils (1215), dieses offenbar gewordene Wort Gottes im Heiligen Geist erklärt und den Menschen verkündet wird, dann kann man hier nicht einfach von einem „menschlichen Reden“ sprechen, das „auf dem Hintergrund der jeweiligen Zeit“ zu verstehen ist. Gottes Wort gilt für alle Zeiten: „Himmel und Erde werden vergehen, meine Worte aber werden nicht vergehen“ (Mt 24,35). Das ist unbestritten.

Nicht unbestritten ist freilich der Aussageinhalt des Wortes Gottes, das, was das Wort Gottes wirklich sagen will und welche Aussagen der Heiligen Schrift von der kulturellen Umwelt und dem Weltbild der Bibel abhängig sind und welche nicht.

Ihre Behauptung in Punkt 1, wonach „ein Blick auf das Weltbild der Bibel zeigt, daß sich der Mensch des biblischen Kulturraumes die Welt ohne Dämonen nicht vorstellen konnte“, ist nachweislich falsch. Sie wird widerlegt durch die geschichtliche Tatsache, daß es Zeitgenossen Jesu gab, die nicht an Engel und Dämonen glaubten. So z. B. die Sadduzäer, die behaupteten, „es gebe weder Auferstehung noch Engel oder Geistwesen“ (Apg 23,8). Diese Menschen konnten sich also sehr wohl die Welt ohne Dämonen vorstellen, woraus zu schließen ist, daß die Frage nach der Existenz von Teufel und Dämonen (wie auch die Frage nach der Existenz Gottes) vom biblischen Weltbild ebenso unabhängig ist wie von jedem anderen Weltbild. Es hat im 19. Jahrhundert ungläubige Wissenschaftler gegeben, die erklärten, daß es weder für Gott noch für den Teufel in ihrem „modernen Weltbild“ Raum gebe. Zur gleichen Zeit waren andererseits gläubige Wissenschaftler von der Existenz Gottes und des Teufels fest überzeugt. Das gleiche gilt auch für unser 20. Jahrhundert und sein „modernes Weltbild“. Es ist daher falsch, wenn in Ihrer „Erklärung“ im Hinblick auf Teufel und Dämonen gesagt wird, daß das biblische Weltbild „auch von entsprechenden späteren kirchlichen Äußerungen vorausgesetzt wird, ohne daß es damit im einzelnen als verpflichtender Teil der kirchlichen Lehre angesehen werden muß“. Die in diesem Zusammenhang wichtige Lehrentscheidungen des 4. Laterankonzils (1215) über die Erschaffung und das Wesen der Geisterwelt ist keine

Aussage, die an irgendein Weltbild gebunden ist, sondern eine Glaubensaussage, die absolut unmythologisch ist und in jedem Weltbild und Kulturraum und zu jeder Zeit Gültigkeit hat. Das Konzil sprach damals göttliche und damit ewige Wahrheiten aus, Wahrheiten, die übergeschichtlich und überzeitlich sind und stets zum Glauben verpflichten.

Wenn Sie in Punkt 2 erklären, daß es unter Berücksichtigung des Zusammenhangs, in dem solche Aussagen stehen, dort, „wo vom Teufel oder von Dämonen die Rede ist, letztlich immer um die Macht Gottes geht", so ist dies nur dann richtig, wenn damit die Macht Gottes über den personalen Teufel und die personalen bösen Geister (Dämonen) gemeint ist. Das kann aber in Ihrer „Erklärung" deshalb nicht der Fall sein, Herr Bischof, weil nach Ihrer Ansicht mit dem überholten biblischen Weltbild auch der Glaube an personale böse Geister hinfällig geworden ist. Diese Auffassung ist aber mit der Lehre des Neuen Testamentes und dem überlieferten, unfehlbaren Glauben der katholischen Kirche, der immer gelten wird, schlechthin unvereinbar.

Es ist außerdem nicht richtig, wenn Sie meinen, daß sowohl „Bibel wie kirchliche Lehräußerungen nicht eine Lehre über den Bösen, eine ‚Satanologie' entfalten wollen". Im Gegenteil: Sowohl das Neue Testament wie die Lehre der Kirche bieten eine theologisch klare Lehre über das Wesen und Wirken Satans und der Dämonen, eine solide „Satanologie" und „Dämonologie". Sie finden diese Lehre zwar nicht mehr im Holländischen Katechismus oder in dem ökumenischen Neuen Glaubensbuch, wohl aber in den rechtgläubigen dogmatischen Lehrbüchern, wie etwa in dem „Grundriß der katholischen Dogmatik" von Prof. Ludwig Ott (Eichstätt), um nur eines dieser Werke zu nennen. Zuletzt hat die höchste kirchliche Lehrautorität in der Erklärung der Kongregation für die Glaubenslehre vom 25. Juni 1975 die Dämonenlehre (Dämonologie) in der Sicht des überlieferten christlichen Glaubens ausführlich dargelegt, nachdem Papst Paul VI. schon in zwei Ansprachen während des Jahres 1972 einige notwendige und wesentliche Wahrheiten des Glaubens über den Teufel und die Dämonen neu bekräftigt und eindringlich in das Bewußtsein der Gläubigen gerufen hatte.

Wenn Ihre „Erklärung" dann in Punkt 3 feststellt, daß dort, wo „differenziert etwas über das Wesen und Verhalten von Teufeln oder Dämonen" ausgesagt wird, solche Aussagen „falsch sind und dem Geist des Neuen Testamentes und der kirchlichen Überlieferung widerstreiten", so ist das also eine total irrige Meinung, die im Namen des Neuen Testamentes und der kirchlichen Überlieferung entschieden zurückgewiesen werden muß.

Im zweiten Abschnitt Ihrer „Erklärung", in dem die kirchliche Lehre über „Besessenheit" und „Exorzismus" verständlich gemacht werden soll, stellen Sie fest, daß nach der Lehre der Kirche „der Mensch durch Glaube und Taufe im Heil Gottes ist, und daß auch die Nichtgetauften am Heil Gottes teilhaben" und „so der Mensch grundsätzlich der Macht des Bösen entzogen ist". Diese Aussage ist nicht unbedingt richtig. Sie trifft nämlich nur dann zu, wenn Getaufte und Nichtgetaufte nicht im Zustand der

Todsünde leben. Wer im Zustand der Todsünde ist, lebt praktisch im Unglauben und hat, solange dieser Zustand andauert, keinen Anteil am Heil Gottes. Stirbt schließlich ein Mensch im Zustand der Todsünde, dann ist er, ob Getaufter oder Ungetaufter, ewig vom Heil Gottes ausgeschlossen. Er befindet sich dann unentrinnbar in der Macht der Finsternis, unter der Herrschaft oder Knechtschaft Satans. Diese biblische Lehre galt nicht nur in der Kirche von gestern, sie gilt auch heute und sie wird immer gelten.

In Punkt 2 wird dann das, was das Neue Testament und die beständige Lehre der Kirche unter Besessenheit versteht, umgedeutet und verfälscht. Schon die Formulierung: „Was man ‚Besessenheit' bezeichnete" — („Besessenheit" in Anführungszeichen und „bezeichnete" in der Zeitform der Vergangenheit) — bringt zum Ausdruck, daß es heute keine Besessenheit mehr gibt und daß das, was man früher Besessenheit nannte, in Wirklichkeit gar keine Besessenheit gewesen ist. „Nach heutiger Sicht" so meinen Sie, kann die sogenannte „Besessenheit" zwei Tatbestände umfassen: erstens kann es sich dabei um „eine schwere Erkrankung" handeln und zweitens um ein mystisches „besonders tiefes Eintauchen des Menschen in den Leidensweg Jesu, der nach Aussage der Bibel bis in das Erlebnis der Gottverlassenheit ging". Dazu ist zu sagen: Die erste Erklärung ist falsch, die zweite ist absurd.

Zum ersten: Nach dem Neuen Testament hat Jesus stets sorgfältig zwischen Besessenheit und Krankheit unterschieden und niemals beide identifiziert. Vergleicht man seine Krankenheilungen mit seinen

Teufelsaustreibungen, so zeigt sich, daß er die Besessenen ganz anders behandelte als die Kranken, was besonders dort deutlich zum Ausdruck kommt, wo Besessene und Kranke die gleichen Symptome aufwiesen: Vgl. z. B. die Heilung des Taubstummen (Mk 7,33 ff) mit dem Exorzismus an dem taubstummen Besessenen (Mk 9,25). Während der Herr den Kranken wie ein gütiger und verständnisvoller Arzt begegnet und sein göttliches Heilswort und seine heilende Geste stets an die Kranken selbst richtete, ist sein Verhalten gegenüber Besessenen von ganz anderer Art. Bei ihrer Befreiung wendet sich Jesus gegen verborgene, unsichtbare Wesen, die als Urheber des abnormalen Verhaltens gelten (Mk 9,18; Lk 13,16), gegen die Dämonen, denen er Fragen stellt (Mk 5,9), Schweigen gebietet (Mk 1,25), droht (Mk 1,25) und sie aus dem Besessenen hinauswirft (Mk 1,34). Umgekehrt ist auch das Verhalten der Besessenen gegenüber Jesus wesentlich von dem der Kranken unterschieden. Wer die betreffenden Stellen im Neuen Testament aufmerksam liest, wird das immer wieder bestätigt finden. Nach dem Befund des Neuen Testamentes ist also die dämonische Besessenheit eine nicht zu leugnende Tatsache. Sie mit Krankheit zu identifizieren ist unmöglich. Das schließt freilich nicht aus, daß es für uns Menschen nicht immer leicht ist, im Einzelfall zwischen Krankheit und Besessenheit zu unterscheiden.

Ihre zweite Erklärung der „Besessenheit“, die „nach heutiger Sicht“ ein „besonders tiefes Eintauchen des Menschen in den Leidensweg Jesu sein kann“, ist, wie gesagt, absurd. Wenn diese These richtig wäre, dann wären alle großen Heiligen, die tief in den Leidensweg Jesu eingetaucht waren, wie etwa die großen Mystiker des Karmel, die durch „die Nacht des Geistes und der Sinne" hindurchgeschritten sind, „besessen" gewesen. Diese Erklärung, Herr Bischof, dürfte eine historische Neuheit sein, über die man sich nur wundern kann, besonders wenn man bedenkt, daß sie von einem katholischen Bischof vorgetragen wird.

Nach diesen abwegigen theologischen Aussagen erübrigt es sich, auf weitere Ausführungen des theologischen Teils Ihrer „Erklärung" einzugehen, wie etwa auf Ihre Erläuterung des „Exorzismus", ein Begriff, der bezeichnenderweise ebenfalls in Anführungszeichen gesetzt ist. Ist nämlich das Wesen der Besessenheit falsch interpretiert, dann kann auch der Begriff Exorzismus nicht richtig erklärt sein.

In meiner Schrift: „Theologische Finsternis", die zur Zeit im Druck ist, sind alle hier besprochenen Fragen eingehend und ausführlicher, als es in diesem Brief möglich ist, dargelegt. Hier finden Sie auch die Hirngespinste moderner theologischer Abenteurer und Freidenker, die „Abschied vom Teufel" genommen haben, gründlich widerlegt.

Sehr geehrter Herr Bischof! Wesentliche theologische Aussagen Ihrer „Erklärung" stehen in krassem Widerspruch zu der authentischen und unfehlbaren Lehre der katholischen Kirche über die Existenz, das Wesen und das Wirken von Teufel und Dämonen. Ihre theologischen Thesen orientieren sich nicht an der Lehre der Kirche, sondern an den Irrlehren des in Tübingen lehrenden Schweizer „Theologen" H. Haag, . . . Daß seine Ideen, die vom höchsten Lehramt der Kirche mehrfach zurückgewiesen wurden, bei der Bevölkerung einer dekadenten, von Unglaube und Unmoral zersetzten Gesellschaft, weithin Anerkennung und Zustimmung finden, wie neueste Umfragen von Meinungsforschern in der Bundesrepublik Deutschland gezeigt haben, ist nicht verwunderlich. Erschütternd aber muß für jeden gläubigen Christen die Feststellung sein, daß die häretische Teufelsideologie eines „katholischen Theologen", der längst nicht mehr auf dem Boden der biblischen und kirchlichen Lehre steht, nun sogar Aufnahme in ein bischöfliches Lehrschreiben gefunden hat. Dies Ihnen schreiben zu müssen, ist für mich schmerzlich, Herr Bischof! Unser Heiliger Vater, Papst Paul VI. hat 1972 erklärt, daß derjenige, der die Realität des Bösen, das „eine wirkende Macht, ein lebendiges, geistiges Wesen ist", nicht anerkennt, „außerhalb der biblischen und kirchlichen Lehre" steht. Wenn dieses harte Urteil auch für die theologischen Aussagen einer bischöflichen Erklärung zutrifft, kann dann der betreffende Bischof noch als Lehrer des wahren Glaubens angesehen werden und sein verantwortungsvolles Amt in der Kirche ausüben?

Mit dieser Frage beende ich diesen Brief, sehr geehrter Herr Bischof, und bleibe mit katholischem Gruß Ihr in Christus ergebener

P. Manfred Adler

## ANMERKUNGEN

1 H.Haag: Teufelsglaube, Tübingen 1974. Mit Beiträgen von K.Elliger, B.Lang und M.Limbeck.

2 J.Feiner u. L.Vischer (Hrsg.): Neues Glaubensbuch. Der gemeinsame christliche Glaube, Freiburg-Zürich 9/1973

3 Der Text der Papstansprache vom 15. November 1972 ist in der Wochenausgabe des »L'Osservatore Romano« 47/1972 (24.11. 1972) abgedruckt

4 Teufelsglaube — Für und Wider, in »Deutsche Tagespost« vom 18. März 1975, S. 6

5 Vgl. F.Holböck in »Stimme des Glaubens«, August 1975, S. 13 f

6 Vgl. zum Ganzen H.Haag (Hrsg.): Bibel-Lexikon, Einsiedeln 2/1968
J.B.Bauer: Bibeltheologisches Wörterbuch, Graz, Wien, Köln 1959
G.Kittel: Theolg. Wörterbuch zum Neuen Testament, Stuttgart
E.v.Petersdorff: Dämonologie (2 Bde.), München 1956/57)

7 M.Ziegler: Engel und Dämonen im Lichte der Bibel, Zürich 1957, S. 114 ff

8 Vgl. A.Böhm: Die Epoche des Teufels, Stuttgart 1955

9 Vgl. M.Adler: Zeichen der Zeit, Leutesdorf 5/1975, S. 18-36

10 Zitiert nach B.Günther: Unser größter Feind — der Teufel, Linz, Wien, Passau 1973, S. 6 ff

11 Zitiert nach der deutschen Wochenausgabe des »L'Osservatore Romano« 47/1972 (24.11.1972)

12 Herders Theologisches Taschenlexikon, Freiburg 1973, S.227

13 Das Dokument, das im Auftrag der Glaubenskongregation von einem französischen Theologen erarbeitet wurde und im Urtext französisch geschrieben ist, erschien in deutscher Übersetzung in Nr. 27 und 28 der deutschen Wochenausgabe des »L'Osservatore Romano« (4. und 11. Juli 1975). Der Christiana-Verlag (CH-8260 Stein am Rhein) hat denselben Text in einer Kleinschrift mit dem Titel: »Christlicher Glaube und Dämonenlehre« 1975 herausgebracht

14 Vgl. Publik-Forum, 4. Jhrg., Nr. 24 (28.11.1975), S. 17

15 Vgl. H.Baum: Freimaurerischer Satanismus heute, Stein am Rhein 1975, S. 12 f

16 W.Foerster in G.Kittel: Theologisches Wörterbuch zum Neuen Testament, Stuttgart 1935, Bd. II, S. 19

17 M.Prager in J.B.Bauer: Bibeltheologisches Wörterbuch S. 74 f

18 Dämonen und Besessene, S. 112

19 Satans Macht und Wirken, Gröbenzell 6/1966. P.Sutter hat seinnem Werk folgende Dokumente zu Grunde gelegt: Berichte des Pfarrarchivs Illfurt, Aufzeichnungen v. Prof. Lachemann aus St.Pilt, Berichte des Polizeibeamten Werner von Illfurt an die Präfektur von Mühlhausen, Dokumente von Herrn Pfarrer Brey und Herrn Spies, ein Offener Brief des Herrn Generalvikars Rapp von Straßburg, ein Dankbrief Theobalds an den Anstaltsgeistlichen Hauser in Schiltigheim u.a.

20 Herder-Taschenbuch Nr. 435, Freiburg 1970. Die Originalausgabe erschien unter dem Titel »Dieu existe. Je l'ai rencontré«, Paris 1969

21 Swetlana Allilujewa, Zwanzig Briefe an einen Freund, Wien, 1967, S. 109, vgl. auch ihr zweites Buch: Das erste Jahr, Wien 1969. S. 131 ff

22 Zum Ganzen: L.Scheffczyk, Gott-loser Gottesglaube?, Regensburg 1974

K.Bockmühl, Atheismus in der Christenheit, Wuppertal 1969

J.Ratzinger (Hrsg.), Die Frage nach Gott, Freiburg 1972

H.J.Schultz, Wer ist das eigentlich — Gott?, München 1969

J.A.T.Robinson, Honest to God — Gott ist anders, München 1963

J. Schmitz, Totengräber Gottes? Leutesdorf 1970

G.Siegmund, Gott ist nicht tot, Leutesdorf

1972 Theologisches Forum, Heft 1 und 2, Düsseldorf 1971

B.Schlink, Zum ersten Mal, seitdem es Kirche Jesu Christi gibt ..., Darmstadt 1971

H.Zahrnt, Die Sache mit Gott, München 1966

H.Vorgrimmler/R. Vander Gucht, Bilanz der Theologie im 20. Jahrhundert, 4 Bde., Freiburg 1970

J.Kahl, Das Elend des Christentums, Reinbeck 1968, Rohwolt-Taschenbuch Nr. 1093

23 Theologisches Forum, Heft 2, S. 64

24 Kirchliche Dogmatik, I 1, München 1932, VIII

25 L.Scheffczyk, a.a.O.,S. 78

26 Weitere Belegstellen für die folgenden Ausführungen ebd. S. 80 ff

27 Vgl. K.Bockmühl, a.a.O., S.101

28 München 1963

29 K.Bockmühl, a.a.O., S. 110

30 L.Scheffczyk, a.a.O., S.89

31 R. Bultmann, Glauben und Verstehen I, Tübingen 1958, S. 26 f

32 A.Läpple, Biblische Verkündigung in der Zeitwende, 3. Bd., München 1966, S. 164

33 J.Hirschberger, Kl. Philosophiegeschichte, Freiburg 3/1963, S.204

34 R.Bultmann, Zum Problem der Entmythologisierung, in: Kerygma und Mythos II, Hamburg 2/1965, S. 184

35 L.Scheffczyk, a.a.O., S.110 f

36 H.Braun, Die Problematik einer Theologie des Neuen Testaments, in: Gesammelte Studien zum Neuen Testament und seiner Umwelt, Tübingen 2/1962, S. 325-341

37 Rohwolt-Taschenbuch Nr. 1093, S. 104

38 L.Scheffczyk, a.a.O., S. 123

39 ebd. S. 130

40 ebd. S. 133

41 P.Tillich, Religiöse Reden I, Stuttgart 3/1952, S. 55 f

42 P.Tillich, Wesen und Wandel des Glaubens, Ullstein-Taschenbuch Nr. 318, Berlin 1961, S. 58 ff

43 P.Tillich, Systematische Theologie I, Stuttgart 1956, S. 307

44 ebd. S. 153

45 Van de Pol, Das Ende des konventionellen Christentums, Wien,-Freiburg-Basel 1967, S. 377

46 D.Bonhoeffer, Widerstand u. Ergebung, München 1970, S. 305 ff

47 Zum Ganzen vgl. J.Schmitz, Totengräber Gottes?, Leutesdorf 1970

48 In: Theologie im Umbruch, München 1968

49 Th.Altizer, Schöpferische Verneinung in der Theologie, in Theologie im Umbruch, S. 83 ff

50 Merkur, Stuttgart 23/1969, Heft 249, S. 33-44

51 Theolg. Forum, Heft 1: Gespräch mit dem Atheismus, S. 34 f

52 Zum Ganzen: Die zehnbändige Gesamtausgabe der Schriften Teilhard de Chardins ist in deutscher Übersetzung vom Walter-Verlag in Olten und Freiburg und vom Verlag C.H.Beck in München herausgebracht worden. Unter dem Patronat eines französischen Herausgeberkomitees erschienen Teilhards Werke in den Editions du Seuil in Paris, ebenso die Bände 1 (»Der Mensch im Kosmos«) und 8 (»Die Entstehung des Menschen«), die bei C.H.Beck herauska-

men. Die deutsche Ausgabe im Walter-Verlag erschien unter dem Patronat von Joseph Bernhart, Ladislaus Boros, Hedwig Conrad-Martius, Bernward Dietsche, Alois Guggenberger, Adolf Haas, Friedrich Heer, Johannes Hürzeler, Josef Vital Kopp, Marcel Pobé, Adolf Portmann und Maria Schlüter-Hermkes. Beim Walter-Verlag sind folgende Bände erschienen:
»Der göttliche Bereich« (2)
»Das Auftreten des Menschen« (3)
»Die Schau in die Vergangenheit« (4)
»Die Zukunft des Menschen« (5)
»Die menschliche Energie« (6)
»Die lebendige Macht der Evolution« (7)
»Wissenschaft und Christus« (9)
»Mein Glaube« (10)

Der Verlag Alber in Freiburg und München gab die Briefe Teilhards aus den Jahren 1914 bis 1919 unter dem Titel »Entwurf und Entfaltung« (1963) heraus, Teilhards Reisebriefe von 1923-1939 erschienen in demselben Verlag bereits 1958.
Briefe an Léontine Zanta, Freiburg-Basel-Wien 1967 (Herderbücherei).
Aus der Fülle der Teilhard-Literatur seien folgende Werke genannt:

H. de Lubuc: Teilhard de Chardins religiöse Welt, Freiburg 1969

Ders: Der Glaube des Teilhard de Chardin, Wien-München 1968

G.Crespy: Das theologische Denken Teilhard de Chardins, Stuttgart 1963

A.Haas: Teilhard de Chardin-Lexikon, 2 Bde., Freiburg 1971 (Herderbücherei)

S. Daecke: Teilhard de Chardin und die evangelische Theologie, Göttingen 1967

Teilhard de Chardin, Studien und Berichte der Kath. Akademie in Bayern, Bd. 39, Würzburg 1967, mit Beiträgen von Claude Cuenot, Adolf Haas, Norbert Luyten, Alois Guggenberger, Heimo Dolch und Emilie Rideau

P. Chauchard u. H.Cuypers: Für und wider Teilhard de Chardin, Roven-Verlag Olten und München 1963

E.Benz: Schöpfungsglaube und Endzeiterwartung, München 1965

B. Delfgaauw: Teilhard de Chardin und das Evolutionsproblem, München 2/1966

W.Klein: Teilhard de Chardin und das Zweite Vatikanische Konzil, München-Paderborn-Wien 1975

H.E.Hengstenberg: Evolution und Schöpfung, München 1963

Ders: Mensch und Materie, Stuttgart-Berlin-Köln-Mainz, 1965

D.v.Hildebrand: Teilhard de Chardins neue Religion, in: Das Trojanische Pferd in der Stadt Gottes, Regensburg 3/1968, S. 339-376

Oliver A.Rabut: Gespräche mit Teilhard de Chardin, Freiburg-Basel-Wien 2/1963

J.Maritain: Teilhard de Chardin und der Teilhardismus, in: Der Bauer von der Garonne, München 1969, S. 124-133 und S. 257-263

A.Drexel: Ein neuer Prophet? Teilhard de Chardin. Analyse einer Ideologie, Stein am Rhein 2/1971

A.Drexel: Die größte Utopie der Geschichte, Goldach o.J.

J.Meurers: Sehnsucht n. dem verlorenen Weltbild, München 1963

53 Vgl. Vorwort zu »Mein Glaube«, S. 14 ff

54 ebd. S. 19

55 In: Teilhard de Chardin, Studien und Berichte der Kath. Akademie in Bayern, S. 173

56 ebd. S. 175

57 J.Maritain, a.a.O. S. 127

58 Zitiert ebd. S. 126

59 Vgl. A.Drexel: Die größte Utopie der Weltgeschichte, Goldach

60 Vgl. Teilhard de Chardin, Studien und Berichte der Kath. Akademie in Bayern, S. 171

61 Zu den kritischen Äußerungen der Professoren Rostand, Medawar und Heberer vgl. D. v. Hildebrand, a.a.O. S. 340 ff

62 Vgl. P.Chauchard u. H.Cuypers: Für und wider Teilhard de Chardin, S. 66 f

63 Vgl. E.Benz: Schöpfungsglaube und Endzeiterwartung, S. 240 ff

64 ebd. S. 241

65 Zitiert in: Entwurf und Entfaltung, S. 11 f

66 Vgl. Mein Glaube, S. 77 ff

67 Vgl. Entwurf und Entfaltung, S. 43
Die folgenden Zitate ebd. Zum Vergleich wird die Seitenzahl in Klammern angegeben.

68 Mein Glaube, S. 120

69 Vgl. Entwurf und Entfaltung, S. 144

70 Vgl. Briefe an Léontine Zanta, S. 44

271 Vgl. Entwurf und Entfaltung, S. 153
72 ebd. S. 179
73 ebd. S. 187
74 ebd. S. 199
75 Vgl. Geheimnis und Verheißung der Erde, S. 106
76 Vgl. Mein Glaube, S. 93 ff
77 Entwurf und Entfaltung, S. 199
78 ebd. S. 217
79 ebd. S. 231
80 ebd. S. 232
81 ebd. S. 253
82 ebd. S. 291 f
83 Vgl. Mein Glaube, S. 285
84 ebd. S. 289 f
85 ebd. S. 162
86 ebd. S. 154
87 ebd. S. 151
88 ebd. S. 153. Vgl. auch: Wissenschaft und Christus, S. 37 ff
89 Vgl. Die Zukunft des Menschen, S. 292
90 Vgl. Wissenschaft und Christus, S. 61
91 ebd. S. 97
92 ebd. S. 97 f. Vgl. dazu: Mein Glaube, S. 90 f
93 Vgl. Die Zukunft des Menschen, S. 353
94 Vgl. Der göttliche Bereich, S. 122
95 J. Fellermeier, a.a.O., S. 373
96 Vgl. Entwurf und Entfaltung, S. 324
97 ebd. S. 325
98 ebd. S. 328
99 Vgl. Geheimnis und Verheißung der Erde, S. 13
100 ebd. S. 63
101 ebd. S. 67
102 ebd. S. 14
103 Vgl. Entwurf und Entfaltung, S. 346
104 ebd. S. 156

105 ebd. S. 245
106 ebd. S. 190
107 Vgl. Briefe an Léontine Zanta, S. 39 ff
108 ebd. S. 70
109 ebd. S. 91
110 Vgl. Entwurf und Entfaltung, S. 138
111 Briefe an Léontine Zanta, S. 104
112 ebd. S. 47
113 Vgl. Geheimnis und Verheißung der Erde, S. 99
114 Vgl. Briefe an Léontine Zanta, S. 65
115 ebd. S. 111
116 Vgl. die Werke und Abhandlungen von H.E.Hengstenberg, A.Drexel, D. v. Hildebrand, J.Maritain, J.Fellermeier u.a.
117 Vgl. Briefe an Léontine Zanta, S. 100 f
118 Vgl. Entwurf und Entfaltung, S. 365
119 ebd. S. 370 f
120 Vgl. zum folgenden: Wissenschaften und Christus, S. 202 ff
121 Vgl. Entwurf und Entfaltung, S. 132
122 Vgl. Das Auftreten des Menschen, S. 171
123 Vgl. Die Zukunft des Menschen, S. 99
124 ebd. S. 326 f
125 ebd. S. 202 f
126 ebd. S. 97 f
127 Vgl. Schöpfungsglaube und Endzeiterwartung, S. 249 ff
128 Vgl. Entwurf und Entfaltrung, S. 131
129 ebd. S. 167
130 ebd. S. 143
131 ebd. S. 246
132 ebd. S. 248 f
133 ebd. S. 140
134 ebd. S. 222
135 Schöpfungsglaube und Endzeiterwartung. S. 251 f
136 Vgl. A.Haas: Teilhard de Chardin-Lexikon, Bd. 2, S. 287
137 Vgl. Das Zeichen Mariens, 1971, S. 1374/78, 1386/88, 1418/22
138 Vgl. Graber: Athanasius u. die Kirche u. Zeit, Abensberg, S. 33
139 Vgl. Lennhoff-Posner: Intern. Freimaurerlexikon, Sp. 805 ff
140 ebd. Sp. 999 ff (Stichwort Martin usw.)

141 ebd. K.Frick: Die Erleuchteten, Graz 1973, S. 601 ff

142 Vgl. Schöpfungsglaube und Endzeiterwartung, S. 298

Weitere Literatur über Louis Claude de Saint-Martin und dessen Schrifttum: F.X.Baader, Bd. 12 seiner Werke, herausgegeben von F.Hoffmann, J.Hamberger u.a. (Nachdruck Aalen 1963)

Vgl. E.Miers: Lexikon des Geheimwissens, Freiburg 1970 S. 355

143 Vgl. M.Adler: Die antichristliche Revolution der Freimaurerei, Jestetten 3/1983

144 ebd. S. 110

145 Vgl. R.M.Wiltgen: Le Rhin se jette dans le Tiber, Paris (Der Rhein fließt in den Tiber)

146 Erschienen im Christiana-Verlag, CH-8260 Stein a.Rh.

147 Vgl. R. Le Bec u. F.Leuret: Die großen Heilungen von Lourdes in ärztlichem Urteil, Wiesbaden 1953 S. 43

Vgl. zum Ganzen: A. Olivieri: Gibt es noch Wunder in Lourdes?, Aschaffenburg, 1973

A. Ravier: Lourdes — Land der Frohen Botschaft, herausgegeben vom L'Oeuvre de la Grotte, Lourdes

148 Zitiert bei g. Siegmund: Das Wunder im Lichte der modernen Medizin, Meitingen 1954, S. 15 f

Vgl. auch Le Bec-Leuret, a.a.O. S. 23 f

149 Vgl. A. Ravier, a.a.O., S. 43

150 Vgl. L.Gonzaga da Fonseca: Maria spricht zur Welt, Innsbruck-Wien-München 15/1963, S. 42

151 ebd. S. 93 f u. 97 ff

152 Vgl. »Una Sancta«, Heft 2, 1956, S. 88 ff

153 Vgl. dazu: O.Musumeci: Die Muttergottes von Syrakus hat geweint, Wiesbaden 1955

154 ebd. S. 99 f

155 ebd. S 159 f

156 Zitiert in: »Maria siegt«, 25. Jhrg. Nr. 8/76, S. 60 f

157 In 2. Auflage erschienen 1976 im J.W.Naumann-Verlag, Würzburg, Christiana-Verlag, Stein a.Rh. und Veritas-Verlag, Linz

158 Vgl. M.Adler: Zeichen der Zeit, Leutesdorf 5/1975, S.38 ff

159 Vgl. L.Ott: Grundriß der kath. Dogmatik, Freibg., 1970, S. 256 f

160 Vgl. Lumen gentium, Nr. 61 f

**Weitere Schriften von Manfred Adler:**

## Die geplante Weltregierung

Wer die »Söhne der Finsternis« kennenlernen möchte, die sich anschicken, unter der Maske von Demokratie und Fortschritt die gesamte Menschheit einer globalen Diktatur von Freimaurern, skrupellosen Geschäftemachern und kommunistischen Diktatoren zu unterwerfen, findet in der soeben erschienenen Schrift interessante Informationen. Erschreckend und schockierend ist die Feststellung, daß Infiltranten bereits in höchste kirchliche und christlich-politsche Kreise eingedrungen sind, um das Steuer auf »Einheitskurs« zu lenken. Vielleicht kann nur noch eine breitgestreute »Enthüllung« in der Öffentlichkeit das Unheil verhindern, bezw. die Pläne zerschlagen. Die klare und mutige Schrift von Pater Adler sollte von Hand zu Hand gehen. 72 Seiten, DM 5,80

## Weltmacht Zionismus

*Das neue Israel — endzeitliche Verheißung?*

Viele Christen sind der Überzeugung, daß die erneute Gründung des Staates Israel nach beinahe 2000jähriger Unterbrechung als ein endzeitliches Ereignis 1. Ranges gesehen werden muß. Dies mit Recht. — Wir dürfen dabei aber nicht übersehen, aus welchen jüdischen Kräften das »Neue Israel« sich präsentiert — auch hier ist eine Unterscheidung der Geister dringend notwendig.

Die Schrift von Manfred Adler kommt einer »Enthüllung« gleich. Sie zeigt, daß tonangebende Politiker und geistige Führer in Israel, in ihrem neuen Staatsgebilde den von den Juden erwarteten Messias zu sehen glauben, der nun trotz aller Widerstände von außen die Macht- und Führungsrolle der Welt antritt. Wie groß der geistige Einfluß auf die Weltpolitik ist, kann man nur mit Staunen wahrnehmen. Die Welt wird in Zukunft mehr denn je die Augen dorthin richten müssen, denn was sich dort abspielt, hat endzeitliche Bedeutung. 112 S., DM 6,80

**Die antichristliche Revolution der Freimaurerei**

Das Buch bricht ein Tabu. Bislang hatte es kaum jemand gewagt, die Wahrheit über die Freimaurerei offen auszusprechen. In der Gegenwart übt sie — wohl wie noch nie — einen unheilvollen Einfluß auf die katholische Kirche aus. Das geht so raffiniert vor sich, daß es selbst von den Verantwortlichen kaum oder infolge Unkenntnis nicht bemerkt wird. Adler weist in diesem Werk nach, daß die Ideologie der Freimaurerei, der autonome Humanismus, mit dem recht verstandenen christlichen Glauben absolut unvereinbar ist, und stellt dabei einige antichristliche Aspekte heraus, die aus dem innersten Wesen der Freimaurerei hervorgehen. Manche Ausführungen werden den Leser schockieren — aber auch nachdenklich stimmen über soviel naives Gebahren auf unserer Seite.

176 Seiten, DM 12,8O

**Kirche und Loge**

In dieser neuesten Schrift Adlers finden wir die Gegensätze zwischen der Katholischen Kirche und der Freimaurerei deutlich und leicht verständlich herausgearbeitet. Dies konnte man bisher in keiner Schrift so konzentriert und anschaulich finden. 112 Seiten, DM 6.80

Dr. Fritz Feuling:

**Die Freimaurer — unsere Brüder?**

In der Kirche machen sich immer mehr Strömungen breit, die die Freimaurer als »Brüder« tolerieren und auf eine Zusammenarbeit mit ihnen hinwirken. Für den Gläubigen stellt sich somit die Frage, ob die heutige Freimaurerei ihre antichristliche Tendenz aufgegeben und im Zuge der Entspannung und Humanisierung ihre einstige Ziele geändert hat. Die Untersuchung von Dr. Feuling kommt zu einem recht negativen Ergebnis. Wie groß die Gefahr jetzt schon ist, macht diese Schrift erschreckend deutlich. 76 Seiten, DM 4,8O